Hannibal
Jacob Abbott

汉尼拔
布匿战争与地中海霸权
全景插图版

[美]雅各布·阿伯特 著
王伟芳 译

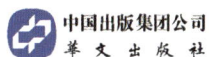

图书在版编目（CIP）数据

汉尼拔／（美）雅各布·阿伯特著；王伟芳译．—北京：华文出版社，2017.6（2020.10第3次印刷）

（美国国家图书馆珍藏名传）

ISBN 978-7-5075-4545-6

Ⅰ.①汉… Ⅱ.①雅… ②王… Ⅲ.①汉尼拔（Hannibal 前247-前182）—传记 Ⅳ.①K834.145.2

中国版本图书馆CIP数据核字(2017)第090286号

汉尼拔

作　　者：[美] 雅各布·阿伯特
译　　者：王伟芳
选题策划：华章盛世
插图供应：18629596618
责任编辑：胡慧华
出版发行：华文出版社
社　　址：北京市西城区广外大街305号8区2号楼
邮政编码：100055
网　　址：http：//www.hwcbs.com.cn
电　　话：总编室010—58336239　发行部010—58336212
　　　　　责任编辑010—58336197
印　　刷：北京画中画印刷有限公司
经　　销：新华书店
开　　本：880×1230/32
印　　张：7.375
字　　数：150千字
版　　次：2017年6月第1版
印　　次：2020年10月第3次印刷
标准书号：ISBN 978-7-5075-4545-6
定　　价：39.00元

版权所有　侵权必究

出版说明

《美国国家图书馆珍藏名传》共二十二册,作者是美国著名历史学家、教育家雅各布·阿伯特。他以独特的视角研究公元前7世纪到公元18世纪两千五百年的世界史,最后写出了这套影响深远的人物传记。读者能通过阅读这些风云人物,更好地理解那段历史、那段时光,这是我们出版这套书的最大良善。为更好地使读者全面了解该丛书,现作如下说明:

一、关于版本。据不完全统计,这套丛书的英文版多达上百个。其中,以哈珀兄弟出版公司于1904年出版的版本最具代表性和权威性。本丛书正是根据该版翻译而成,以保证版本的质量。

二、关于插图。这些人物距现代已经很久远了。读者可能会问:他们长什么样子?穿什么衣服?仗是如何打的?外交是如何谈的……为了让读者更形象地了解当时的历史,我们精心为各书选配了约百幅插图。这些插图包括但不限于油画和版画。我们希望，通过品味插图的艺术之美，读者获得一种不是穿越胜似穿越的强烈体验，从而更好地对当时的风土人情有更直观的体察。

三、关于注释。为了确保内容的正确性、权威性，版权方进行了大量的考证工作。考证的结果以注释的形式体现。另外，内文中很多涉及地图的地方，我们尽量尊重作者尊重历史保存原貌，如有出入，请读者认真分辨。

四、关于译者。本丛书由多所大学的一线英语老师及教授翻译而成。各位老师治学严谨，文笔优美，为确保丛书的质量奉献良多。在此，深表敬意。

尽管出版前我们做了许多工作，但不足之处实难避免，欢迎读者朋友多提宝贵意见。

2017 年 6 月 1 日

译者序

犹记得那个月光朗照的夜晚，厚厚的一本英文著作摆在了我的书桌上。没有翻看里面的内容，单单是优雅的封面，就立即使我生发了兴趣。待进入了翻译，我欢喜得真不知该如何形容了。语言是极美的，就像在没有污染的深山里抬头望见实在的绿；史料是极真的，就像呱呱坠地的婴儿第一声不含任何杂质的啼哭。我不想说书的作者是多么权威、拥有多少学术的光环，我只想说内容是多么纯粹。

一晃二百三十四天过去了，翻译，考证，润色……每个"工序"我都试图精益求精。我是一定要求真的。唯有求真，才有可能求"是"。

谈谈我求到的"是"吧。本书的大背景是，地中海南侧的迦太基与北侧的罗马力量出现了此消彼长。为了争夺地中海的霸权，双方爆发了三次惨烈的战争，史称"三次布匿战争"。本书的主要内容是围绕第二次布匿战争展开的。其中，迦太基大军的统帅，亦即本书的主人公，是汉尼拔。汉尼拔体魄是雄健的，意志是坚强的，精神是不屈不挠的，指挥才能是卓越的,妙算是无穷的。面对罗马经济、军事力量的不断增长,汉尼拔认识到,如果不及时打击罗马,那么终有一天罗马会取代迦太基成为地中海的霸主,到那时迦太基就再无宁日了。

"居安思危,思则有备,有备无患。"于是,远征罗马就是势在必行之事了。汉尼拔训练士卒,加紧军事动员。当万事俱备后,他就率领雄赳赳的迦太基铁骑开拔了。他们没有被鬼哭狼嚎般的北风吓倒,没有在凶猛如野兽般的异族军队面前乱了阵脚,更没有在"路有冻死骨"的阿尔卑斯山脉脚下止步不前。读者朋友,你们能想象到冰天雪地与血雨腥风交融在一起,是一种什么样的情景吗?你们能想象到象兵与骑兵鏖战在一起,是一种什么样的壮观吗?你们能想象到汉尼拔百战余生的大军进逼罗马城下时,是一种什么样的心情吗?远征罗马——古代史上的空前壮举的结局是怎样的?汉尼拔——被后世誉为"战略之父"的一代名将为什么最终落得个流亡、被杀的凄凉结局呢?书中用详尽的史实做了精彩的解答。

在翻译的过程中,我力求遵循原文,只是对某些不当之处——如地图——予以加工删减,还请读者诸君谅解。

王伟芳
于西北师范大学

原 序

丛书的作者笔触严谨,即便是对细节的描述,也力求尊重史实。现在,只要仔细查阅事发当年的年鉴,就能发现,作者对一系列事件的记述,不是基于历史的传说,而是历史本身,对史实的描述,没有任何修饰和偏差。在撰写这些书的时候,作者尽量利用全国范围内所能找到的最好的信息来源;当然,尽管在这些书中,和其他所有历史题材的书籍中一样,多多少少难免会有这样或那样的不足和错误,但绝对没有故意的修饰。

书中所述,哪怕是淋漓尽致的细节描写,也绝不是凭空想象,全都依据公认的,权威的历史学家或典籍。因此,请读者放心,书中讲述内容全都属实,也唯有史实,只要本着诚实的目的,认真的态度,就能行之有效地查明真相。

目 录

第一章 　第一次布匿战争 ·················· 001

汉尼拔——罗马和迦太基——提尔——迦太基的建立——迦太基的商业精神——金银矿——新迦太基——船运和军队——努米底亚——巴利亚利群岛——投石器——迦太基政府——贵族阶级——迦太基帝国的地理关系——罗马及罗马人——罗马的国民性——迦太基和罗马的进步——第一次布匿战争的起因——利吉姆和墨西拿——一个棘手的问题——罗马人决定组建舰队——准备工作——训练划手——罗马舰队起航——钩锚——罗马人的勇气和决心——罗马人的成功——船首纪念柱——罗马政府——执政官——雷古卢斯的故事——雷古卢斯当选为执政官——雷古卢斯进军迦太基——雷古卢斯的困难——雷古卢斯的成功——希腊人的到来——罗马人溃逃——雷古卢斯被俘——雷古卢斯面见罗马元老院——雷古卢斯使命的结果——雷古卢斯之死——战争结局

第二章 | 汉尼拔在萨贡托 ……………………… 017

  汉尼拔的家庭出身——哈米尔卡的性格——宗教仪式——汉尼拔与罗马不共戴天的著名誓言——哈米尔卡在西班牙——哈斯德鲁巴——哈米尔卡去世——派人请汉尼拔去西班牙——汉诺的反对——汉尼拔动身奔赴西班牙——给军队留下良好的印象——汉尼拔的性格——他升任最高指挥官——埃布罗斯河——汉尼拔计划与罗马开战——汉尼拔的战略谋划——涉水过河——塔古斯河大战——汉尼拔胜利——萨贡托——汉尼拔进攻萨贡托——围城的进展——汉尼拔受伤——汉尼拔康复——火标枪——罗马大使的到来——汉尼拔的策略——汉尼拔派使者去迦太基——罗马大使——迦太基元老院的党派——汉诺的演讲——汉诺提议放弃汉尼拔——汉尼拔朋友的辩护——汉尼拔凯旋——萨贡托陷落

第三章 | 第二次布匿战争的开端 ……………………… 031

  汉诺的主和派大势已去——汉尼拔的权力——萨贡托人拼死一搏的勇气——汉尼拔对战利品的处置——汉尼拔当选为苏菲特——内阁的特征——罗马群情鼎沸——胆战心惊的预测——新使团出使迦太基——激烈的辩论——谈判无果——大使回归——沃尔西人的回答——高卢人的委员会——骚乱的场面——大使碰壁——汉尼拔体恤士兵——汉尼拔完善计划——汉尼拔在自己远征期间为西班牙政府制定的计划——汉尼拔的兄弟哈斯德鲁巴——留下哈斯德鲁巴来掌控西班牙——罗马人的准备——罗马人的作战计划——罗马舰队——抽签——宗教仪式——汉尼拔进军——比利牛斯山脉——汉尼拔军中的不满情绪——汉尼拔的演说——不满的士兵被遣送回家——汉尼拔的远见卓识——翻越比利牛斯山脉

第四章 | 强渡罗纳河 ················· 045

预期的困难——汉尼拔的侦查小分队——一些部落遭到打压——高卢人的恐慌——阿尔卑斯山脉——翻越的困难——汉尼拔传给高卢人的信息——政策起效——科尔内利乌斯·西庇阿——他率军登船——两军到达罗纳河——西庇阿的侦查小分队——高卢人对汉尼拔的感受——河对岸的高卢人反对汉尼拔通过——渡河的准备——造船——木筏——敌人静观其变，爱莫能助——渡河的困难——汉尼拔的战略——他的计谋——汉诺率领先遣队——汉诺的成功——信号——渡河——混乱的场面——汉诺的进攻——高卢人逃离——运送大象——运象的方式——新的计划——巨型木筏——大象平安渡河——两军的侦查小分队——两支先遣队不期而遇——一场战斗接踵而来

第五章 | 翻越阿尔卑斯山脉 ················· 059

阿尔卑斯山脉——高处不胜寒——雪崩——它们可怕的力量——冰的运动——裂缝和断层——阿尔卑斯山脉里的道路——汉尼拔对军队的演说——演说的效果——西庇阿尾随汉尼拔——令人伤心的遗迹——西庇阿的迷惑——他乘船回到意大利——危险的隘口——军队安营扎寨——山民——汉尼拔的策略——山民们的震惊——惨烈的冲突——汉尼拔的攻击——山民们被打败——军队停下休整——食物短缺——山上的牲畜和禽类——觅食小分队——搜集家畜——队伍的进展——人质——汉尼拔的疑虑——山民的背叛——他们攻打汉尼拔——大象——汉尼拔的队伍被截断——汉尼拔对山民们发起进攻——山民们扰乱汉尼拔的进军——汉尼拔顽强的毅力——掉队的人马陆续回营——山里的暴风雪——枯燥的露营——部队继续前进——意大利首次映入眼帘——军队欢呼——行军的疲劳——新的困难——冰川上行军——难以逾越的障碍——汉尼拔劈开岩石，让大军通过——队伍安全抵达意大利平原

| 第六章 | 汉尼拔攻入意大利北部 ……………… 083 |

军队的惨状——军队的巨大损失——士兵们的感想——西庇阿的计划——两军已近在咫尺——汉尼拔和西庇阿的感想——西庇阿对罗马军队的演说——汉尼拔用独特的方式引出自己的演说——好奇的格斗——对军队的影响——汉尼拔对其军队的演说——他的鼓励——汉尼拔的承诺——他的真情实感——汉尼拔的精力和果断——他坚定不移的决心——汉尼拔毫不动摇的勇气——西庇阿的运动——西庇阿在波河上建的桥——罗马大军过河——汉尼拔的军事行动——他集合队伍——汉尼拔对士兵们讲话——他承诺给他们土地——认可一个诺言——预兆——战斗——罗马人陷入混乱局面——西庇阿受伤——罗马人被赶回波河对面——罗马人毁掉提希纳斯河上的桥

| 第七章 | 亚平宁山脉 ……………………………… 097 |

汉尼拔追击罗马军队——他抓了几百个俘虏——一些高卢人从罗马叛逃——汉尼拔渡过波河——罗马人士气低落——赛姆普若尼乌斯被召回意大利——西庇阿的伤痛——赛姆普若尼乌斯与西庇阿会合——罗马指挥官意见分歧——小规模战斗——赛姆普若尼乌斯渴望战斗——汉尼拔的计谋——汉尼拔的具体计划——伏击——精挑细选的两千人——汉尼拔的选人方式——攻打罗马人营地——汉尼拔的计谋得逞——赛姆普若尼乌斯过河——汉尼拔的猛攻——罗马军队的状况——可怕的冲突——罗马人彻底被打败——战斗后的景象——汉尼拔的各种战斗——食物短缺——阿诺山谷——翻越亚平宁山脉——强大的暴风雪——大象的死亡——汉尼拔的不安——他翻越亚平宁山脉——危险的行军——汉尼拔的疾病

| 第八章 | 独裁者费比乌斯 ………………………………… 111 |

罗马人忧心忡忡——执政官弗拉米尼乌斯——又一条妙计——弗拉米尼乌斯的信心——罗马人彻底溃败——战役的影响——罗马人惊慌失措——他们那迷信的担忧——预兆和凶兆——令人称奇的变化——它们的影响——这些故事的重要性——罗马人紧张激动——战报——聚集的人群——败兵回城——任命独裁者——费比乌斯——费比乌斯的措施——宗教仪式——米努西乌斯——独裁者的最高权力——费比乌斯的公告——汉尼拔的进展——费比乌斯的政策——他高挂免战牌——汉尼拔身临险境——火牛计——费比乌斯不得人心——汉尼拔的睿智——密谋反对费比乌斯——他回到罗马——米努西乌斯冒险战斗——费比乌斯的发言——费比乌斯回到部队——他被剥夺了最高权力——分权而治——汉尼拔设伏——汉尼拔的成功——费比乌斯出手相救——米努西乌斯的讲话——罗马军队团结统一——费比乌斯的性格——他的正直

| 第九章 | 坎尼战役 ……………………………………… 131 |

坎尼战役激起的兴趣——各种军事行动——罗马民众的心态——平民和贵族——执政官安米利乌斯和瓦罗——建立新军——瓦罗的自信——安米利乌斯的谨慎——安米利乌斯的看法——费比乌斯的建议——费比乌斯与安米利乌斯的对话——安米利乌斯的决心——两名执政官加入军队——汉尼拔的境况——食物短缺——汉尼拔军队的苦难——觅食分队被打败——汉尼拔假装弃营——斯塔提利乌斯的任务——计谋被识破——汉尼拔和罗马人的失望懊恼——阿普利亚——汉尼拔进军阿普利亚——罗马人跟踪而来——新的营地——两名执政官不和——居民逃离——演习——坎尼战役——又一条妙计——罗马人被打败——安米利乌斯受伤——安米利乌斯阵亡——瓦罗逃走——战场上的情形——受伤的和垂死的——罗马士兵和迦太基士兵——豪夺

第十章 | 西庇阿 ·················· 147

汉尼拔成功的原因——西庇阿——罗马军队的残部——西庇阿当选为指挥官——西庇阿的能力——米特鲁斯的情况——米特鲁斯屈服——罗马的恐慌——元老院休会——汉尼拔拒绝进军罗马——汉尼拔将司令部设在卡普亚——汉尼拔派马高回迦太基——马高的演说——一袋戒指——迦太基元老院的辩论——汉诺在迦太基元老院的演讲——战争的进展——汉尼拔军队的衰弱——马塞鲁斯——罗马人的成功——包围卡普亚——汉尼拔攻打罗马大营——进军罗马——因暴风雨而受阻——哈斯德鲁巴翻越阿尔卑斯山脉——利维乌斯和耐如——行省的划分——截获的信件——耐如的迷惘——军法的严酷——违法的危险——耐如的计划——夜行军——利维乌斯和耐如攻打哈斯德鲁巴——哈斯德鲁巴下令撤退——哈斯德鲁巴的军队遭到屠杀——哈斯德鲁巴阵亡——罗马大军节节胜利——西庇阿的成功——西庇阿在非洲——迦太基受到威胁——停战协议——汉尼拔被召回——汉尼拔组建新军——罗马人捉住了间谍——谈判——汉尼拔与西庇阿会谈——最后一战——迦太基的失败

第十一章 | 汉尼拔逃亡 ·················· 167

汉尼拔被打败——和平的追求——野心勃勃的征服者带来的危害——西庇阿节节胜利——西庇阿明确提出苛刻的和谈条件——迦太基元老院的争论——和谈条件被照办——交出战象与战舰——西庇阿烧毁迦太基舰队——旁观者的心情——西庇阿乘船回罗马——汉尼拔在迦太基的身份和地位——罗马的命令——汉尼拔的屈辱——叙利亚和腓尼基——安条克国王——汉尼拔与安条克的阴谋——罗马使团的到来——汉尼拔逃亡——塞西纳岛——汉尼拔的计谋——他

乘船去叙利亚——迦太基群情激愤——汉尼拔安全到达以弗所——迦太基代表团——汉尼拔不可战胜的精神——汉尼拔派使者秘密回迦太基——布告——罗马专员——西庇阿与汉尼拔会谈——汉尼拔对亚历山大大帝和皮洛士国王的看法——趣闻轶事——汉尼拔的努力白费——安条同意把汉尼拔引渡给罗马人——汉尼拔的金银珠宝——汉尼拔悲惨的遭遇——一剂毒药——汉尼拔逃亡失败——他服毒自杀

第十二章 迦太基的灭亡 ·············· 187

灭亡——第三次布匿战争——三次布匿战争的年表——三次布匿战争的特征——三次布匿战争的间隔——仇恨与争议——努米底亚——努米底亚骑兵——马西尼萨——罗马和迦太基的党派——他们的分歧——马西尼萨备战——哈斯德鲁巴——迦太基宣战——汉尼拔与哈斯德鲁巴的相似之处——与马西尼萨的战斗——迦太基人战败——小西庇阿——战斗的旁观者——和平谈判——西庇阿被指定为仲裁人——哈斯德鲁巴投降——马西尼萨强加给他的条件——迦太基使团去罗马——他们的任务徒劳无功——再次派使团——罗马人宣战——和平谈判——罗马人要求人质——人质制度的残忍——大使回国——迦太基的恐慌——迦太基糟糕的形势——挑选人质——离别的时刻——离别的场面——悲伤与绝望——罗马军队前进——尤蒂卡投降——罗马人的要求——迦太基人服从——罗马人要求所有的军需物资——军需物资的数量极大——罗马人蛮不讲理的要求——迦太基将遭毁灭——人们的绝望——准备防御——哈斯德鲁巴——罗马舰队的毁灭——围城的恐怖——迦太基人的英勇——攻城器——试图毁掉它们——迦太基遭猛攻——殊死搏斗——人们退守城堡——迦太基城被纵火——哈斯德鲁巴的妻子——哈斯德鲁巴投降——城堡被纵火——哈斯德鲁巴妻子的憎恨与绝望——迦太基被毁——它的现状

结　语　汉尼拔是英雄 ················· 211

战争与商贸——对抗的行为——汉尼拔作为英雄的伟大之处

附　录　专有名词英汉对照 ················· 215

第一次布匿战争

精彩看点

汉尼拔——罗马和迦太基——提尔——迦太基的建立——迦太基的商业精神——金银矿——新迦太基——船运和军队——努米底亚——巴利亚利群岛——投石器——迦太基政府——贵族阶级——迦太基帝国的地理关系——罗马及罗马人——罗马的国民性——迦太基和罗马的进步——第一次布匿战争的起因——利吉姆和墨西拿——一个棘手的问题——罗马人决定组建舰队——准备工作——训练划手——罗马舰队起航——钩锚——罗马人的勇气和决心——罗马人的成功——船首纪念柱——罗马政府——执政官——雷古卢斯的故事——雷古卢斯当选为执政官——雷古卢斯进军迦太基——雷古卢斯的困难——雷古卢斯的成功——希腊人的到来——罗马人溃逃——雷古卢斯被俘——雷古卢斯面见罗马元老院——雷古卢斯使命的结果——雷古卢斯之死——战争结局

第一章 第一次布匿战争

汉尼拔是迦太基名将，与罗马的拼死抗争，成就了他卓越的军事才能。地中海使罗马与迦太基天各一方，独自发展。一百多年中，双方穷兵黩武，其中著名的第三次布匿战争，以罗马大获全胜，迦太基彻底灭亡而告终。

两国不合并无真正的原因，其敌对只是单纯的竞争与无意识的憎恶。双方语言不通，起源各异，隔海而居，因此他们相互憎恶，试图吞并对方。

读过《亚历山大大帝》一书的人都会记得他包围并攻克提尔城时的艰辛。提尔是一个距地中海东岸两英里的海滨城市。迦太基起初是从提尔城的一个殖民地发展而来，但很快便成为一个和它的母国一样的海滨强国。迦太基人建造船舶，用它们来探索地中海全境。他们会光顾沿岸所有国家，购进他们需要售卖的商品，运往别国，并高价卖出。他们很快变得富有而强大。他们雇佣士兵为他们打仗，占领地中海的岛屿，在某些情况下，甚至占领大陆上的某

亚历山大大帝雕塑,现藏于伊斯坦布尔考古博物馆

第一章 第一次布匿战争

些地方。比如在西班牙，他们的部分船舶到了那里，发现当地人从地表附近的矿脉中开采金银。起初，迦太基人通过向当地人出售他们从别国贩运来的各种商品而得到这些金银，当然，与他们从西班牙人手中赚得的财富相比，他们贩运货物的成本更低。最终他们占领了西班牙的矿区，自己经营。他们挖得更深，并聘用技术娴熟的工程师造泵排出矿坑中的积水，并阻止矿藏深度开采，除非矿工懂科学，会机械，手艺精湛。他们在这儿建了一座城，称其为"新迦太基"，并在此构筑工事，派兵驻守，把它变成他们在西班牙扩张的中心。此城现名为"卡塔赫纳"。

公元前264年的迦太基：非洲地中海沿岸地区、西班牙南部、科西嘉岛以及西西里岛部分地区均被迦太基征服

005

迦太基人就这样用金钱摆平一切。他们向四面八方扩张,每次扩张都会带来新的财富,新的财富又进而增加了扩张的手段。他们不光有私营的商船,还有国有的战舰。这些船舶被称为"桨帆船",由划手划桨。有时,多达四五排的桨会层叠摆放。他们还从各国招募雇佣军,根据各国擅长的作战方式不同而将他们编入不同的军队。比如努米底亚人,其疆域在非洲海岸,与迦太基邻近,因为骑兵而著称。

迦太基战舰复原图

努米底亚的大平原是优良的牧场,因此成为生产良马和诞生骑手的地方。巴利亚利群岛,也就是如今的马略卡岛、梅诺卡岛和伊维萨岛,岛上的居民都是优秀的投石者。因此,迦太基人在组建军队时,会从努米底亚雇佣骑兵,从巴利亚利群岛雇佣投石者,因为同样的理由而从西班牙雇佣步兵。

与现代相比,古代各国更倾向于采用并开发不同的作战方式。事实上,巴利亚利群岛的名字来自希腊语,意为"用投石器投掷"。那里的年轻人,幼年就接受训练,以便完美地使用这种武器。据说,母亲们过去常常将儿子们的早餐——面包,挂在他们头顶高悬的树枝上,除非他们能自己用投石器和石子将面包打下来,否则是不允许吃饭的。

如此一来,迦太基国力大增。然而,整个政府却掌握在一小撮富人和国内的贵族手中。与如今的英格兰政府极其相似,只有英格兰的贵族是以出身和财产论贵贱的。而在迦太基,得靠商业实力,当然还有家族背景。迦太基的贵族掌控一切,通常只有他们的子嗣才可获得高官和权力,广大民众却处于被奴役的状态,正如现在的英格兰,那时在迦太基,这种状况对那些地位低贱者非常不公,但结果是——而在英格兰,这方面相同的状况依然存在——成立了积极高效的政府。寡头政府有时会成就富强的国家,却会造就不满和不幸的国民。

读者诸君现在请找个地图，寻找迦太基所在的位置。想象一个富庶的大城市，有着众多的码头，宽敞的仓库，促进商业的繁荣；有着辉煌的庙宇，宏伟的大厦，服务于国家宗教和公共事务；有着精巧的宅邸，豪华的宫殿，供达官贵人居住；有着坚固的城墙，巍峨的塔楼，用于抵御外辱。再想象一个后来的国家，疆域绵延数百英里深入非洲内陆，土地肥沃，文明进步；盛产玉米、红酒和各种奇珍异果。然后看看西西里岛、科西嘉岛、撒丁岛和巴利亚利群岛，想象它们都是繁荣的国家，都受迦太基人的统治。再看看西班牙海岸，想象一下卡塔赫纳城，有着防御工事、军队、金银矿，成千上万的奴隶在里面辛勤劳作。想象军舰在地中海沿岸，在国与国之间来回逡巡，到提尔城，到塞浦路斯，到埃及，到西西里岛，到西班牙，运输玉米、亚麻、紫色染料、香料、香水、宝石、船用绳索、帆布、金银，然后定期回到迦太基，再将赚得的利润叠加到积累起来的巨额财富上。仅凭面前这张小小的地图，读者诸君便可想象这一切，以便对相关地理位置有一个确切的概念，并对与罗马抗衡时的迦太基的强大有一个正确的认识。

　　罗马的地理位置却有着天壤之别。它由特洛伊的一些游牧民族建立，长期以来，遵循生命和能量的内部规律而悄无声息地缓慢发展。意大利半岛上一块块土地被并入罗马的版图。罗马社会结构以定居的农业人口为主。他们耕种狩猎，饲养家禽和家畜。这似乎是一个多人种的民族，

第一章 第一次布匿战争

有着完善而超凡的组织，正是这一点在其发展过程中造就了沉着果断、意志坚定、体魄强健的国民性，这理所当然地令人类折服。迦太基人能干精明——在罗马人眼里却是奸诈狡猾——积极进取，富甲一方。而他们的对手却才华横溢，有勇有谋，沉着冷静，不屈不挠。此后，在所有年代，只要人们提到"罗马人"这个词，就会联想到这种精神。

古代国家的发展进程远比现代更加缓慢。而这对劲敌在发生冲突前的五百年中，在地中海两端，独自缓慢地发展与扩张。然而后来，冲突还是发生了。

通过地图，读者会发现一条名为墨西拿的狭窄海峡将西西里岛与大陆分开。这条海峡得名于坐落在西西里岛上，濒临海峡的墨西拿镇。与墨西拿隔峡相望的是位于意大利的利吉姆镇。碰巧两镇都被非法武装占领。罗马人来解放了利吉姆，并严惩了非法武装。西西里当局也准备出兵解放墨西拿，但那里的非法武装发现自己受到威胁，就派人去给罗马人送信，声称只要罗马人肯来保护他们，他们愿意将墨西拿拱手相送。

这一问题，或者说该对这一请求做何回复，被呈送到罗马元老院面前，让他们感到不知所措。若支持墨西拿的叛军会显得他们前后矛盾，反复无常，因为他们曾严惩利吉姆的非法武装。而罗马人长久以来对迦太基人的不断扩张与强大心存嫉妒。而这正是一个双方遭遇并对抗的机会。西西里当局打算要求迦太基直接援助，解放墨西拿。这一事件可能会导致迦太基组建一支劲旅，成天对意大利海岸虎视眈眈，何况迦太基人可以此为跳板，易如反掌地入侵罗马领土。卧榻之侧，岂容他人鼾睡？总之一句话，这种情况被称作"政治需要"，也就是说，竞争中一方为了追求利益的最大化，以至不得不舍弃所有对公平正义、言行一致、尊严荣耀的考虑。世界上各个时代在处理公共事务中，这种政治需求的例子不胜枚举。

然而，毕竟对墨西拿的争夺，只是罗马人用来发动他们长期以来就渴望发动的争夺战的一个托词或契机。在一开始制定的计划里他们就表现出了性格上的强悍与人格上的伟大。他们熟知迦太基的强大主要依赖对地中海的控制，他们也熟知，他们不可能对它应付自如，除非他们能在它所擅长的方面打败它。然而，与此同时，他们船无一只，人无一个，而地中海上却比比皆是迦太基的船舶和水手。如此悬殊的差距，罗马人却毫无畏惧，而是痛下决心，立刻着手建立一支强大的海军。

准备工作颇费时日，因为罗马人不光要造船，首先还要学会如何造船。他们从一艘在风暴中被遗弃在意大利海滨的迦太基桨帆船上学到了第一课。他们起获这艘船，召集工匠仔细查看，并派伐木工伐木取材，仿造舰船。工匠们仔细研究这艘模型，测量各部分的尺寸，观察不同零件是如何衔接并固定的。海浪对船舶的冲击使得在造船时，固定与牢靠非常必要。尽管和现代的军舰相比，古代的船舶体积太小还不够完美,而罗马人竟能在如此仓促的造船行动中获得成功,也真令世人称奇。

然而,他们的确成功了。在造船的同时,被任命的海军军官正在海滩上训练水兵,教他们学会如何划船。类似于划手在船上的座位的长凳被安放在地面上,供未来的水兵们日日操练划桨的动作。结果,造船行动开始数月后,罗马就拥有了一支由一百艘五组桨桨帆船组成的舰队。他们在海湾里停留了一段时日,使水兵有机会检验自己在水中划桨是否也和在陆地上一样自如,然后就大胆出航,与迦太基人展开正面交锋。

罗马人在组建舰队时体现出的惊人意志和决心,同样体现在他们所有的行事方式上。他们制造的器械包括钩锚,这些钩锚被安装在船首,其设计如此精妙,以至一旦装有这些钩锚的船舶遭遇敌舰,它们就会被投向敌舰的甲板,从而将两船牢牢固定,谁也没有逃离的可能。罗马人从未想过自己是否能从遭遇战中全身而退,他们唯一的担心是迦太基士兵会因为技高一筹和经验丰富,从海战中逃脱。人们总把这一范例中罗马人的行动,看作战争史上有记载的军事勇气与决心的最惊人的例子。一支从未出过海的军队来到海滩上,几乎与船舶毫无接触,却承担了建造军舰,出海攻打海上霸主,并使罗马成为迦太基唯一公认的霸主的重任。他们找来一艘破损的敌舰作为模型,接着仿造了一百艘,在港口进行短期的演习,然后出海去迎战强敌,他们无所畏惧,用钩锚抓住敌人,生怕他们逃跑。

结果正如所料，罗马人缴获，击沉，摧毁，驱散了派来抵抗他们的迦太基舰队。他们将缴获的敌舰船首拆下运回罗马，用以建造所谓的船首纪念柱。船首纪念柱是用喙状物和船首装饰的柱子，在罗马语中被称作"rostra"。这根柱子几乎被五十年后的一场雷电所摧毁，后被重建，随后屹立了几个世纪，真是一个纪念这次伟大海战胜利的恰如其分的、惊人的纪念碑。这次海战中的罗马指挥官是执政官杜伊利乌斯。船首纪念柱就是为他而建的。三百多年前挖掘罗马遗址的时候，发现了这根柱子的遗骸。

罗马人正准备将战场向非洲大陆推进。毫无疑问，在打败迦太基的舰队后，从海上向迦太基海岸运兵会很容易。当时罗马共和国由有着立法权的元老院掌控，元老院有两名最高执行官，称作"执政官"。他们认为两名执政官比一名更安全，因为双方可以互相制衡，但结果是相互猜忌经常让他们陷入争吵和纠纷。在现代社会，人们认为只有一个行政主官会更好一些，并通过其他方式来制约他可能会滥用职权的任何倾向。

罗马执政官在战时统帅军队。雷古卢斯是第一次战争胜利后，继任的向迦太基开战的执政官。由于他在战争中非凡的冒险精神和生不逢时的命运，他的大名在每个时代都被传颂。他的故事可信度有多大，现在已无从考证，但罗马的历史学家是这样记述的：

当雷古卢斯当选为执政官时，他只是个平头老百姓，

第一章 第一次布匿战争

在自己的农场过着简单的生活，自主经营，养家糊口，胸无凌云志，更无自豪感。但他的同胞却在他身上发现了他们一贯钦佩的优秀品质，并选他做了执政官。他离开罗马指挥军队，将舰队扩建到三百多艘，将十四万水兵运到非洲。这些准备工作花了一两年时间，而在这期间，迦太基人又改进了他们的新舰只，以至当罗马人沿着西西里岛海岸起航后，很快便发现体型更加庞大的迦太基战舰聚拢过来与他们对抗。雷古卢斯迎头痛击，再次大败迦太基人。那些未被截获和摧毁的舰只四散逃窜。雷古卢斯率罗马军队长驱直入在迦太基海岸登陆。他一登陆就安营扎寨，并派信使回罗马向元老院请示下一步行动方案。

元老院考虑到最大的困难和威胁——迦太基舰队已经被打垮，遂命令雷古卢斯将几乎所有的战舰和主力部队撤回国内，只留一小部分跟随他继续向迦太基进军。雷古卢斯遵命将要求回撤的军队遣送回国，并率领余部继续前进。

然而就在这时，有消息传来，经营他的农场的农夫去世了，他唯一赖以养家糊口的小农场眼看就要荒废。于是雷古卢斯派人前往元老院，请他们另请高明来统率军队，这样他便能辞职回家照顾妻儿。元老院传回命令，命他继续作战，并答应供养他的家人，设法指派专人经营他的农场。据说这个故事证明了当时罗马人简单朴实的生活方式。如果故事属实，那也的确如此。然而，这样一个受罗马共和国信赖的人，这样一个统帅着一百三十艘战舰和十四万军队的人，其家人却得靠雇人经营的七英亩土地为生，真的太不可思议了。而故事原本就是这样。

雷古卢斯向迦太基进军，沿途连败迦太基人，一路攻城略地。然而事实上，当一件扭转战局的事发生时，他的部下已经到了人困马乏，山穷水尽的境地，那就是希腊军队的到来。该部在一位希腊将军的带领下，受雇于迦太基人并为其作战，迦太基的其他军队也是如此。但这些可是希腊人啊，他们和罗马人同宗同源，品性相同。新来的希腊将军立刻展现出军事优势，以至迦太基人将最高指挥权交到了他手中。于是，他集结军队准备战斗。他的先头部队有一百头大象，受训冲锋并踩踏敌人。中军是希腊方阵，他们排列整齐，密不透风，犹如铜墙铁壁，尖锐的钢矛直指云霄，所向披靡，无坚不摧。总而言之，雷古卢斯准备好迎战迦太基人，却没想到会遇到希腊人。真是半路杀出个程咬金。他的部下溃逃，他也被俘。迦太基城中，再没有比看到雷古卢斯和五百名罗马士兵被俘，更让人激动不已，欣喜若狂的事了。几天前，人们还在为这位冷酷无情的、恶意报复的征服者迫在眉睫的逼近而感到危机四伏，恐慌不已。

罗马元老院并没有为这次惨败而泄气，他们组建了新军，继续开战。雷古卢斯一直被秘密监禁在迦太基，后来，迦太基人委托他作为使者，返回罗马，提议两国交换俘虏并握手言欢。他们逼他做出庄严的承诺，不成功便回来。

罗马人在屡次海战中俘虏了许多迦太基士兵，并把他们羁押在罗马。在这种情况下，交战各国通常会交换人质，并把他们重新交还给各自的家人朋友。雷古卢斯向罗马元老院提议的就是这样一桩战俘交换。

当雷古卢斯到达罗马后，他却拒绝进城，但他在城外面见了元老院的成员。他身着一件简陋的囚服，行为谦和，举止顺从。他说他不再是罗马军官，也不再是罗马公民，而是一名迦太基的囚犯。他完全拒绝就如何正确地解决两国问题对罗马当局提出建议或进行指导。然而，据说他的观点是罗马不该与迦太基握手言欢，也不该交换战俘。他本人和其他罗马战俘年老体弱，不值得交换，而且他们也没有权利对祖国提出任何要求，由于缺乏勇气，缺乏对祖国大业献身的爱国主义精神，他们只能做俘虏。他还说迦太基人已经厌烦了连年战争，他们的资源即将枯竭，罗马人应以全新的活力奋勇向前，就让他和其他战俘自生自灭，听天由命吧。

元老院拖拖拉拉、极不情愿地决定遵循这一提议。然而他们所有人都诚挚地想要劝说雷古卢斯他没有义务回到迦太基。他们说他向迦太基人许下诺言是形势所迫，不必履行。然而，雷古卢斯却坚持要取信于敌，断然拒绝与家人见面，他向元老院告别后，回到了迦太基。对于他横加干涉，阻止和谈成功，迦太基人感到无比愤怒，一度用最残忍的方式折磨他，最后对他处以极刑。也许有人会说他本该提议恢复和平和交换战俘,他本不该拒绝与悲伤的妻儿见面,但他能恪守承诺真的难能可贵。

  这之后,战争又持续了一段时间,直到两国终于因为战争而疲惫不堪,和平终于达成。以下是两国签订的和约,它表明,总的来说,罗马人在第一次布匿战争中占了上风:

  迦太基和罗马将和平共处。迦太基人撤出西西里岛。迦太基不准攻打罗马的任何同盟。迦太基无条件交还所有的罗马战俘。迦太基十年内赔付罗马三千二百塔兰特银币。

这场战争持续了二十四年。

第二章

汉尼拔在萨贡托

精彩看点

汉尼拔的家庭出身——哈米尔卡的性格——宗教仪式——汉尼拔与罗马不共戴天的著名誓言——哈米尔卡在西班牙——哈斯德鲁巴——哈米尔卡去世——派人请汉尼拔去西班牙——汉诺的反对——汉尼拔动身奔赴西班牙——给军队留下良好的印象——汉尼拔的性格——他升任最高指挥官——埃布罗斯河——汉尼拔计划与罗马开战——汉尼拔的战略谋划——涉水过河——塔古斯河大战——汉尼拔胜利——萨贡托——汉尼拔进攻萨贡托——围城的进展——汉尼拔受伤——汉尼拔康复——火标枪——罗马大使的到来——汉尼拔的策略——汉尼拔派使者去迦太基——罗马大使——迦太基元老院的党派——汉诺的演讲——汉诺提议放弃汉尼拔——汉尼拔朋友的辩护——汉尼拔凯旋——萨贡托陷落

第二章 汉尼拔在萨贡托

汉尼拔之父哈米尔卡,是迦太基主要将领之一。无论是他的军衔、财富和在迦太基高不可攀的家庭人脉关系,还是他在国外治军时展现出来的卓越的军事才能,他都是佼佼者。罗马－迦太基战争结束后,他继续率领迦太基大军在非洲和西班牙发动战争,他还渴望与罗马再战。

在汉尼拔九岁那年,哈米尔卡曾准备出发远征西班牙,那时,与往常一样,他通过竞技、表演和各种宗教仪式来庆祝这一时刻。在世界上的任何时代,当两国交兵,双方总是习惯举行仪式,祭祀上天以祈求护佑。如今的基督教国家会通过各国提供的经文来保佑战争的胜利,异教国家则通过献祭、奠酒和供品。哈米尔卡安排了这样的献祭,牧师把它们供奉在全军面前。

时年九岁的小汉尼拔也在场。这个情绪高昂的小男孩热心地参加了这场祭祀。他想随军赴西班牙,就央求与父亲同行。哈米尔卡不会同意,因为汉尼拔太小,无法忍受远征途中的饥渴和身心疲惫。然而,他的父亲带他走上一个祭坛,当着其他军官们的面,让他把手放在献祭上,并发誓一旦成年,必尽其力与罗马开战。毫无疑问,这么做部分原因是要逗小汉尼拔开心,并通过向他许诺,日后可与强敌较量,来缓解他当时不能参军的失望心情。汉尼拔铭记自己的誓言,期盼着与罗马作战的日子快快来临。

  哈米尔卡辞别儿子,扬帆远赴西班牙。在西班牙的埃布罗斯河西岸,他有权向四面八方扩张自己的势力范围,读者诸君可找个地图查看,该河向东南流入地中海。埃布罗斯河这个名字现在也逐渐演变成埃布罗河。依照与罗马签订的和约,迦太基人不得越过埃布罗斯河。和约还规定他们不得侵扰萨贡托城的居民,此城坐落在埃布罗斯河与迦太基之间。萨贡托与罗马结盟并受其保护。

萨贡托城遗址

第二章 汉尼拔在萨贡托

然而，就这样被迫克制与罗马的敌对行动，让哈米尔卡焦躁不安，难以入眠。他一到西班牙，马上就开始谋划再次开战。他手下有一名叫哈斯德鲁巴的小伙子，是他的首席副官，娶了他的女儿为妻。在哈斯德鲁巴的帮助下，他在西班牙继续扩大势力范围，巩固自己的地位，逐渐完善了与罗马再次开战的计划，然而最终他却壮志未酬身先死，其婿哈斯德鲁巴继任为统帅。当时汉尼拔仍在迦太基，大概二十一二岁年纪。哈斯德鲁巴派人请求迦太基政府对汉尼拔委以军职，并派汉尼拔到西班牙与他会合。

关于是否答应这一请求，迦太基元老院引起了一场不小的争论。在所有政府问题由投票决定的情况下，我们会发现，在每一时代，往往会形成党派，其中两个主要党派通常会势均力敌，相互制衡。如此一来，尽管当时哈米尔卡家族掌权，迦太基还有一大党派与之抗衡。在元老院中，这一党派以汉诺为首。他曾做了一个郑重其事的演讲，反对委任汉尼拔为将。他认为汉尼拔太小而不能参军，他只会沾染兵营中的恶习和匪气，从而变得腐化堕落。"除此之外，"汉诺说道，"这样的话，我们驻西班牙的军队的指挥权就会变成一种世袭的特权。哈米尔卡不是国王，为了锻炼并造就汉尼拔，哈米尔卡应该先把指挥权传给他的女婿哈斯德鲁巴，然后再传给他的儿子汉尼拔。"他还说："而汉尼拔还未成年。让汉尼拔做军队的高级将领，哈斯德鲁巴就会借机将所有军权掌控在自己手里，简而言之，

卡塔赫纳城的哈斯德鲁巴雕像。哈斯德鲁巴是该城的建立者

他是想挟少帅以令三军。无论何时,无论何因,哈斯德鲁巴都应该停止向他们发号施令。"

根据罗马史学家的记述,我们得到对这一争论的唯一描述:尽管这些理由充分,然而在决策时,一如往常,历来是强权胜智慧。他们投票委派汉尼拔,而汉尼拔最终带着一颗无比激动、热情奔放的心,漂洋过海奔赴西班牙。全军上下对他的到来充满了好奇与期待。士兵们长期以来唯其父哈米尔卡马首是瞻,他们现在做好准备,只要汉尼拔证明自己当之无愧,他们立刻就会把对他父亲的依恋与爱戴转移到他的身上。显然,他到营地后不久,就证明了自己不负众望。他很快就担起了重任,他的精神抖擞、吃苦耐劳、克己忘我引起了普遍关注,使他备受众人拥护。他衣着简朴;不打官腔;从不寻欢作乐,放纵自己;能与普通士兵同甘共苦,出生入死;他粗茶淡饭,经常穿着军用披风,与值班的士兵一起睡在地上;战斗中,他总是身先士卒,冲在前头,而休整时,他总是最后一个撤离阵地。除了这些品质,罗马人说他在与敌人的公开对决中惨无人道,而在与他们的其他交往中却奸诈狡猾,背信弃义。很有可能他的确如此。这样的性格特征在古往今来的士兵眼中是美德,而在敌人眼中则是劣行。

不管怎么说,汉尼拔在军中人人敬仰,个个爱戴。他花了几年的时间不断积累军事知识,扩大自己的影响,终于有一天,哈斯德鲁巴不知怎么得罪了当地的土著居民,意外地被人残忍杀害,这件事情风波刚平,汉尼拔就在军队头目们的拥护下,耀武扬威地来到哈斯德鲁巴的营帐中,接管最高指挥权,真是众望所归,群起响应。消息一传到迦太基,政府立刻批准了军队的所作所为,就这样,汉尼拔发现自己突然就获得了政府的正式任命,坐上了高级军队将领的宝座。

他急于与罗马一比高下,现在发现自己大权在握,迫切的心情更添一分冲动。而两国依然维护着和平,在正式的和约制约下,这样的和平将继续下去。双方在西班牙的势力范围以埃布罗斯河为界,河东归罗马,除了西岸的罗马盟友萨贡托,河西属迦太基,和约规定迦太基人必须保证萨贡托的独立自由。

因此,汉尼拔在不公开违反和约的情况下,不得越过埃布罗斯河,也不得进攻萨贡托。然而,他即刻开始进军萨贡托,并攻占该城紧邻的区域。如果他希望与罗马开战,这种做法无疑是个妙招,因为通过攻占其盟友首都的邻近区域,极有可能会引起争端,迟早会以战争而告终。

罗马人说汉尼拔奸诈狡猾,背信弃义,他也的确在某些时刻,在他的战略谋划中展示出了机敏巧思、神机妙算。在战争初期的一次战斗中,他以异乎寻常的方式大败数倍于己的敌军。当时他袭击了北方某些省份,正满载而归,据说,他了解到一支十万人马的大军正从背后包抄而来。前方不远处有一条名为塔古斯的河流。汉尼拔费力前行涉水渡河,水深大约三英尺。他

第二章 汉尼拔在萨贡托

在岸边埋伏下大量骑兵,带领主力部队离河继续向前,借此给追兵营造他仓皇逃跑的假象。

敌人以为追击刻不容缓,就沿着河岸,各自择地,纷纷下河;他们一到河心就挤成一团,身子半淹在水中,武器高举过头顶,以便尽可能减小水的阻力,汉尼拔的骑兵借机冲入河中对其发起进攻。骑兵们自然占尽上风,因为尽管他们的坐骑站在水中,他们自己却身处水上,四肢灵便,而他们的敌人却半淹在水中,受武器所累,你推我挤,几近绝望。他们立刻便乱了阵脚,溃不成军,很多人都被水流冲走,有些侥幸在汉尼拔这一方的下游登岸,但与此同时,汉尼拔的主力部队杀了个回马枪,并对他们严阵以待,登岸者遭到大象践踏,那时,人们习惯于征用大象作为一种军事力量。一旦河里的敌军被清理殆尽,汉尼拔又挥师过河,攻击还未下河、仍然滞留在岸上的敌军。他获得大捷。这次决定性的伟大胜利,确保了他对埃布罗斯河西岸,除萨贡托之外,领土的完全占领,萨贡托城也开始告急。

萨贡托人派使者赴罗马,请求罗马人干预并保护他们免遭临头的大难。这些使者日夜兼程赶到罗马,但他们还是迟了一步。以这样或那样的借口,汉尼拔挑起了萨贡托和临近一个部落之间的争端,然后借机支持这一部落,出兵萨贡托。城中居民积极防御,希望很快能得到罗马的援助。他们加固城墙,构筑防御工事,而汉尼拔也在运送大型攻城器械,准备攻城。

汉尼拔心知肚明，他对萨贡托采取的敌对行动，实际上是对罗马发起的挑战，因为罗马必然会支持其盟国。事实上，他这样做，毫无疑问，就是要把两个大国卷入全面战争。他之所以选择萨贡托下手，原因如下：其一，渡过埃布罗斯河，深入罗马内陆，而把如此富强的一个城邦留在身后，对他来说极不安全，所以要先解决后顾之忧。其二，对他来说，找借口间接地与萨贡托产生矛盾，从而迫使罗马主动宣战，远比劝说迦太基政府放弃和平发动战争要容易得多。如前所述，迦太基有一大党派反对汉尼拔，这一党派自然会抵制一切倾向与罗马开战的行动，因为他们认为，这样的战争只会为满足汉尼拔的野心开辟广阔的天地。因此，能挑起战争的唯一途径就是侵占罗马的友邦，他能找到最好的借口为自己开脱。

萨贡托是一个富强的城邦，坐落在距海岸一英里的地方。汉尼拔的猛烈攻城与城中民众的奋起抵御胶着了一段时间。在这些行动中，汉尼拔身处险境。有一次，他在监督排兵布阵，安放器械时，离城墙如此之近，以至一柄粗重的标枪从护墙后掷出，刺中他的大腿。它穿透了肌肉，汉尼拔伤势很重，即刻就倒下了，被士兵们运走。几天后，他脱离了因失血过多和伤后高烧带来的危险。期间，他的军队群情激愤，暂停了他们的军事活动。然而，一旦他们发现汉尼拔有了明显的恢复，就又开始发起进攻，并激励士兵们比以往更加踊跃地奋力向前。

第二章 汉尼拔在萨贡托

古时的兵器与现代的武器大相径庭，根据古代史学家所描述的，在这次围困中，萨贡托人使用的一种兵器，几乎可以说与现代火器同门同派，被称为"火标枪"。这是一种由木柄和长长的铁矛头组成的标枪，据说这种矛头有三英尺长。这种标枪可以通过士兵之手或发射工具投向敌人。然而，其主要的独特之处在于，在矛头尾部附近的木柄上，缠绕着长长的、浸透了沥青和其他易燃物的麻线织成的带子，在标枪被掷出之前，这种易燃的麻线带子会被点燃。正如导弹在飞行过程中，风助火势，使之燃烧更加剧烈，当标枪刺中敌军的盾牌，无法拔出，盾牌最终只能被丢弃。

当萨贡托的居民用这些和类似的武器保卫家园、抵御强敌时，他们的大使，不知城邦已遭受攻击，到达罗马，向元老院陈述他们的担忧：除非罗马立刻采取强有力的措施防患于未然，否则攻城在所难免。罗马人决定派大使去面见汉尼拔，探明其意欲何为，并警告其不可对萨贡托采取任何敌对行动。当罗马大使们到达萨贡托附近的海滨，他们发现敌对行动已经发起，萨贡托城正遭到激烈的围攻，他们竟一筹莫展，不知所措。

汉尼拔这个反叛者本来就没打算服从罗马人的命令，所以他最好也别听罗马大使们的唠叨。汉尼拔的机敏巧思，神机妙算，被迦太基人看作精明能干，远见卓识，却被罗马人看作奸诈狡猾，背信弃义，他决定不见这些罗马大使，他派人到岸边传话给他们，国家处于动荡时期，此时登陆很不安全，除此之外，他也不能接见并招待他们，因为他军务繁忙，无暇辩论和谈判。

汉尼拔知道，既然大使们发现萨贡托已被汉尼拔的军队围困，战争已成事实，汉尼拔又不愿接见他们，他们只能立即前往迦太基，寻求满意的答复。他也知道，汉诺和他的党派很有可能会支持罗马人的要求，并极力钳制他的计划，因此，他派自己的使者回到迦太基，施加影响，争取迦太基元老院的支持，努力敦促他们回绝罗马人的要求，并允许罗迦战争再次开打。

罗马大使出现在迦太基，来到济济一堂的元老院。他们说明了情况，重申汉尼拔攻打萨贡托违反了和约的条款，还说汉尼拔甚至拒绝罗马元老院通过他们向他传递和谈诚意。他们要求迦太基政府切勿对汉尼拔的行为负责，并把他移交给他们，以便因违反和约、攻打罗马盟国而使他受到应有的公正的惩罚。

迦太基元老院中支持汉尼拔的主战派，自然对这些提议嗤之以鼻，竭力拒绝。而以汉诺为首的主和派则坚持认为这些提议合情合理。在一次铿锵有力的演讲中，汉诺告诉元老院，他曾警告过他们不要派汉尼拔去西班牙，他预见到这样一个强横暴烈的人，迟早会把他们卷入与罗马难以脱身的麻烦中去。他说汉尼拔明摆着违反了和约。他投入兵力围攻萨贡托，这是被严令禁止的，反过来，他们没什么好期待的,除了罗马军团很快会投入兵力围攻他们自己的城市。他补充道,同时,罗马人一直态度温和,宽容隐忍。他们并未谴责迦太基人的攻击行为,他们只控告汉尼拔一人,他才是迄今为止唯一的罪人。迦太基人应该拒绝为汉尼拔的行为负责,从而使自己免受牵连。因此,他极力主张派遣使者到罗马赔礼道歉,汉尼拔应被罢免并移交给罗马人,萨贡托的伤亡应得到巨额赔偿。

与此同时,汉尼拔的朋友们在迦太基的元老院中极力主张为将军辩护。他们回顾了战争起源的历史,表明或试图表明,是萨贡托人自己挑起了敌对行动,因此,是他们而不是汉尼拔应对后续的事件负责。在那样的情况下,罗马人不该支持萨贡托人,如果他们那样做了,说明他们更看重与萨贡托的友谊而不是与迦太基的友谊。而要把迦太基元老院亲自委派的,并通过自己的勇气和能力证明他们的选择是正确无误的这样一位大将军移交到世代为敌的死对头手里,只能说明他们有多么怯懦与可耻。

这样一来,汉尼拔实际上发动了两场战争:一场在迦太基元老院,以争论与雄辩为武器,另一场在萨贡托的城墙下,以攻城槌和火标枪为武器。两场战争中他都克敌制胜。元老院决定遣送罗马大使回国而不答应他们的要求,萨贡托的城墙被汉尼拔的攻城器摧毁。城中居民拒绝接受所有妥协的条款,并顽抗到底。因此,当胜利的一方破墙而入,萨贡托也只能任人强取豪夺。他们一路见人杀人,遇物毁物。

失望的罗马大使带回消息：萨贡托被汉尼拔攻占并捣毁；迦太基人非但没有为其不义的行为提供令人满意的答复，反而认为责任应在罗马一方，并在积极备战。

这样，汉尼拔达到了与罗马开战的目的。他准备以全部的力量与热情投入到与罗马的斗争中去。接踵发生的战事持续了十七年，史称"第二次布匿战争"。它是黑暗的人类历史展示给我们看的敌国之间最可怕的斗争之一。

第二次布匿战争的开端

精彩看点

汉诺的主和派大势已去——汉尼拔的权力——萨贡托人拼死一搏的勇气——汉尼拔对战利品的处置——汉尼拔当选为苏菲特——内阁的特征——罗马群情鼎沸——胆战心惊的预测——新使团出使迦太基——激烈的辩论——谈判无果——大使回归——沃尔西人的回答——高卢人的委员会——骚乱的场面——大使碰壁——汉尼拔体恤士兵——汉尼拔完善计划——汉尼拔在自己远征期间为西班牙政府制定的计划——汉尼拔的兄弟哈斯德鲁巴——留下哈斯德鲁巴来掌控西班牙——罗马人的准备——罗马人的作战计划——罗马舰队——抽签——宗教仪式——汉尼拔进军——比利牛斯山脉——汉尼拔军中的不满情绪——汉尼拔的演说——不满的士兵被遣送回家——汉尼拔的远见卓识——翻越比利牛斯山脉

第三章 第二次布匿战争的开端

在任何一个国家,当形势开始转向支持战争,它通常会来势汹汹,横扫一切。迦太基的这一情况就是如此。汉诺的党派彻底成了少数派,遭到压制,没有了发言权,而汉尼拔的朋友和党羽在政府以及整个社会都大获全胜,人人都渴望参战。这部分是因为尚武精神的自然感召,一旦有人感受到这种尚武精神,因为同情,别人也会很容易从心底受到感召。它是一把火,一旦被点燃,就会向四面八方蔓延,烧毁一切拦路虎。

此外,当汉尼拔占领了萨贡托,他发现了大量珍宝,它们不光使他变得富有,还巩固了他的军政大权。萨贡托人想方设法阻止这些珍宝落入汉尼拔之手。他们孤注一掷,拼死到底,拒绝所有投降条款,最后他们变得几近疯狂,几近绝望,宁为玉碎,不为瓦全。根据史学家李维的记载,当他们发现城墙已破,塔楼已倒,所有希望都化为泡影,他们当街点起大火,将及时收集的可以烧毁的珍宝扔进火

李维

堆，然后许多要员显贵也纵身跳入火海，这样可恨的征服者们将既得不到战利品，又得不到战俘。

然而，尽管如此，汉尼拔还是得到了大量的金银，其中既有金银币，也有金银餐具，以及萨贡托商人在他们的豪宅和仓库里积攒的许多贵重商品。这些财产增强了他的政治军事实力。他将拖欠的军饷足额发放给士兵，他还额外拿出一部分战利品作为士兵们应得的利益。他把丰富的战利品和礼物，包括钱币、珠宝首饰，运回迦太基，送给朋友们和他想结交为朋友的人们。他这种仗义疏财的做法和在西班牙的胜利带来的名望，其结果是将他推向了权势与荣誉的顶点，迦太基人推举他做了一名苏菲特。

苏菲特是迦太基共和国的最高行政官。如前所述，政府是一种贵族共和政体，这种共和政体施政很谨慎，以防统治权、行政权落入一人之手。正如罗马有两名执政官共同掌权，法国在第一次大革命后，由五人共掌大权一样，迦太基人每年选出两名苏菲特，在迦太基他们这样称呼，尽管罗马作家不加选择地称他们为苏菲特、执政官或者国王。汉尼拔现在位高权重，如此便可与同僚们联手，掌控迦太基最高国民权力机构，此外，他还被授予驻西班牙胜利大军的统帅一职。

当这些事件的消息——萨贡托被围困并捣毁、罗马大使的要求被拒，迦太基积极备战——传到罗马，整个城市陷入恐慌。元老院和民众举行了喧闹而混乱的集会，会上，人们群情激愤地讨论了发生的事件，以及罗马义不容辞应该采取的行动。事实上，罗马人对迦太基人心存畏惧。汉尼拔在西班牙的战争给罗马人留下了很深的印象，认为他是一个残酷无情的人，有着令人生畏的人格魅力。他们立刻得出结论，他会计划远征意大利，他们甚至预见到了战祸临城的危险，而萨贡托的毁灭就是例子——这一事件说明他们对汉尼拔性格的认识是多么恰如其分。

第一次布匿战争结束后，罗马与迦太基这两个国家和平共处了大约二十五年的时间。其间，双方国力在不断增强，但和罗马相比，迦太基取得了更加长足的进步。事实上，在第一次布匿战争刚刚打响的时候，罗马人是很成功的，但最终，迦太基人证明了他们打了个平手。因此，罗马人现在似乎很害怕与这样的强敌再次开战，何况敌人现在正由汉尼拔统率。

因此，他们决定再次派使团出使迦太基，为的是在真的挑起战争之前，再努一把力，去维护和平。于是，他们挑选了五位德高望重、最具影响力的公民，委派他们赴迦太基，再次确认，迦太基元老院公然支持汉尼拔的行动是否是他们故意的和最后的决定。这个使命重大的使团出航了，他们到达迦太基，出现在元老院面前，说明此行的原因，但自然无人愿听。迦太基的演说家答复了他们，双方都试图将违反和约的责任推给对方。这是一个庄严的时刻，为了世界和平，为了成千上万人的生命，是长久幸福地生活，还是国破家亡，就要看辩论的结果而定了。不幸的是，辩论反而加深了两国关系的裂痕。

"好极了,"罗马使者最后说道,"要和平还是要战争?你们随便挑。"

"爱怎样就怎样,"迦太基人反击道,"随你们便!"

"那就开战,"罗马人说,"既然非得如此。"

和谈失败,罗马使团归国。然而他们却取道西班牙回罗马,目的在于跟西班牙、法国大大小小的王国和部落谈判,力劝他们支持罗马,因为汉尼拔要入侵意大利,必须途经这些地区。可惜他们亡羊补牢,为时已晚,汉尼拔早就在这一地区扩大了自己的影响并巩固了自己不可动摇的地位。以至罗马大使的提议,全被以这样或那样的借口拒绝了。比如有一个叫沃尔西人的强大部落,罗马大使在沃尔西议会面前,告知他们战争的可能性,并邀他们与罗马结盟。沃尔西人带着嘲弄的口吻拒绝了这一主张。他们说:"从萨贡托的命运我们看到了与罗马结盟的下场,让那个无力防御的城市独自面临如此险境,看来,将自己的安危寄希望于别国,纯属枉然。如果你们想结交新的盟友,最好还是去不知道萨贡托的故事的地方试试运气吧。"沃尔西人的回答,得到了西班牙其他国家的赞赏。据了解,罗马大使游说沃尔西的希望破灭后,他们接着又去了高卢,古代的高卢即如今的法国。

一到达高卢的政治、经济、文化中心,罗马大使就召集了大军事议会。这次集会呈现的景象蔚为壮观,因为尚武的议会顾问们以一种最为令人生畏的方式,全副武装地来到会上,好像他们是来战斗的,而不是来协商和讨论的。德高望重的大使们,把问题摆在他们面前,主要是鼓吹罗马的强大,并夸下海口一定能打赢这场迫在眉睫的战争,他们邀请高卢人支持他们的事业,号召他们,如果汉尼拔试图穿越他们的国家,就拿起武器截击他们。

人们几乎无心听大使们把话说完。他们话音刚落,整个议会就爆发出不满和反对的喊声,甚至嘲笑,喝倒彩。最后,会场终于恢复了秩序,负责传达委员会意见的官员们是这样回复罗马大使的:高卢人从罗马人那里,看到的只有暴力和伤害;而从迦太基人那里,看到的却是和善与好意。他们才不会傻到去招惹汉尼拔,引火烧身,使他无

全副武装的高卢人

暇顾及他的死敌罗马。就这样，罗马大使们处处碰壁。他们发现，直到他们穿越罗纳河谷，都没人愿对罗马示好。

汉尼拔现在开始深思熟虑地，小心谨慎地，为进军意大利制定计划了。他清楚地知道，这是一次重大而持久的远征，因而需要为出征的军队和身后的国土提前做好周密的安排。严冬近在眼前，他的第一项措施就是遣散大部分军队，让他们回家探亲。他告诉他们，开春后他将有大的行动，可能会去很远的地方，离开西班牙很长一段时间。所以，中间这段时间他们可以回家探亲，处理私事。对下属的关爱和信任，加深了士兵对主帅的依恋，士兵们春天回到营地，不但带回精气神，而且对自己从事的事业更是忠诚有加。

汉尼拔把士兵们送回家后，自己也回到了新迦太基，我们从地图上可以看到，它比萨贡托还要往西，他在那里过冬，专心致志地完善自己的计划。除了为自己的远征做必要的准备，他还得为即将离开的国家做好打算。为防出征后国内叛乱，他妙计迭出。其一就是，从非洲招募一支军队驻守西班牙，再从西班牙招募一支军队驻守迦太基，保护迦太基政府。通过调换两国的军队，两国都被国外军队管制，这样一来，比起驻守自己的祖国，两支军队更不会因同情驻守国人民的疾苦而起兵造反，因而会更加听命于主帅。

汉尼拔心里明镜似的，西班牙大大小小的行省和州县，拒绝与罗马结盟,而为他捧场,他们之所以这么做,要么是由于利诱,要么是受到威逼。他还清楚地知道,他出兵意大利后,可能会遭遇失败,这一方面会使他们从他身上获利的希望落空,另一方面也降低了他对他们的威慑,从而增加了他们反叛的可能性。

作为双保险,他采用如下妙计:他从西班牙所有与之结盟的国家征召了一支军队,尽可能选择名门望族的年轻

汉尼拔金钟

第三章 第二次布匿战争的开端

人。这支军队组建起来并委任主官后,被运往迦太基,以便士兵们的国家和部落明白,他不光把他们看作是在军队服役的士兵,也把他们看作是人质。他会留着他们,以确保他们的国家的忠诚与顺从。这支军队有四千人。

汉尼拔有个兄弟,名字恰好和他的姐夫一样,也叫哈斯德鲁巴。在远征期间,汉尼拔就是把西班牙政府交给了他。给他提供的士兵,如前所述,主要来自非洲。除了步兵,汉尼拔还给他提供了一小支骑兵,又给他留下十四头大象。由于他认为罗马人很有可能从西班牙海岸登陆,他还为哈斯德鲁巴组建并装备了一支拥有约六十艘战舰的小型舰队,其中的五十五艘都是一流的。在现代,船舶的等级与效率通过其所运载的大炮数量来衡量,而那时,则是根据桨的组数。哈斯德鲁巴的五十五艘战舰都是五层帆船,正如他们所称呼的那样,即五组桨帆船。

与此同时,罗马人也没放松准备工作。尽管是被动参战,但当他们看到战争在所难免时,依然打算全身心地投入战斗。他们决心建立两支强大的军队,两名行政官一人统帅一支。计划是这样的:一支军队去迎战汉尼拔,另一支前往西西里岛,从那里直逼非洲海岸,目的在于威胁迦太基首都。这一计划如果成功,会迫使迦太基人召回汉尼拔意欲入侵意大利的一部分或全部军队,以保护其非洲的家园。

罗马人招募的军队达到七万人,其中三分之一是罗马士兵,余众则来自意大利的各个小国,以及地中海上与罗马结盟的岛屿。军中有六千骑兵。当然,由于罗马试图渡海进入非洲,他们需要一支舰队。他们组建并装备了一支舰队,拥有二百二十艘一流的战舰,即五层帆船。此外,还有一些较为轻便的船舶,专门完成需要速战速决的任务。那时还有比五层帆船更大的船舶投入使用,人们偶尔会提到,这些船有六组,甚至七组桨,但因其过于笨重,在行动中不能有效使用,它们要么作为指挥官的旗舰,要么用于典礼及游行。

然后根据罗马的风俗,在这种场合庄严地抽签,决定两支分别由两名行政官统帅的军队的任务。注定去迎战来自西班牙的汉尼拔的那支军队,其统帅是行政官科尔内利乌斯·西庇阿,另一位是赛姆普若尼乌斯,由他统率的则是注定进军西西里岛和非洲的远征军。当一切安排就绪,关于最终投票和决策的问题被正式而庄严地摆在罗马人面前:"罗马人真的决定下令向迦太基宣战吗?"决策是肯定的。通常是在场面壮观的庆典上宣战,紧接着是献祭和宗教仪式,来取悦诸神,祈求护佑;当信奉神灵的人感到自己受到了神灵的保佑,无论他们参战的出发点有多么邪恶,他们都会勇气倍增,信心十足,罗马军队的士气也因此得到了鼓舞。这些祭祀和仪式结束后,那就真的万事俱备了。

与此同时,当春天来临,汉尼拔也在向埃布罗斯河进

第三章 第二次布匿战争的开端

军,从某种意义上来说,一旦越过这条界河,就会使他成为进入罗马版图的侵略者。他理直气壮地跨过河,沿地中海海岸前进,逐渐接近了比利牛斯山脉,法国和西班牙以此山为界。

迄今为止,他的手下对他的计划一无所知。现在,军队的指挥官很少向手下透漏他们的计划,古时候更甚;此外,那时的普通士兵,根本没有途径得知这些信息,而现如今,各种消息满天飞。这样,尽管罗马和迦太基军队的所有将官,以及消息灵通的市民,都对汉尼拔的计划一清二楚,但他自己的士兵除了知道他们要进行危险的远征,其他的都一无所知,既不会想到什么意大利或罗马,也不会想到那里的国土多么广袤,以及他们将要侵略的帝国多么强大。

他们日夜兼程来到比利牛斯山脉脚下,发现他们真的要翻过这座大山了,事实上,为了这个目的,他们正在进入其荒凉幽暗的峡谷。他们中的某些人变得灰心丧气,并开始抱怨。不满和恐慌实际上已经如此严重,以至一个三千人的兵团集体离队,打道回府。汉尼拔的全部军队超过十万人马,经审问,他发现还有一万多人也像这样消沉悲观。

现在读者可以想象一下,在这样十万火急的情况下,汉尼拔会怎样做?他会追回这些逃兵,以扰乱军心之由处死他们吗?或者他会网开一面,放他们一条生路,而去挽留那些还未离开的,安抚并鼓励他们,以坚其志吗?他都没有这样做,他将那一万名离心离德的士兵召集到一起,告诉他们,既然他们害怕与他的军队共存亡,或者不愿这么做,他们可以回去。无论挥师何处,他都不希望军中有如此缺乏勇气与信念、胆小怯懦之人存在。他们只会成为急于甩掉的包袱,和阻碍他人奋勇向前的绊脚石。说完这些,他命令他们回家。经过这件事,留下来的士兵们,决心和勇气倍增,在汉尼拔的带领下,他们继续向前,翻过了比利牛斯山脉。

  汉尼拔允许不满士兵回家这一做法,充分体现了他的大度,也影响了继续前进的士兵。然而,我们不能认为,完全是他的宽宏大量鼓舞了士气,这是一种策略。在这种情况下,貌似宽宏大量,恰恰达到了他的目的。汉尼拔在所有他认为应该严厉的情况下,都是铁面无私,冷酷无情的。指挥官必须具备一定的远见卓识,知道什么时候该罚,什么时候该赏,明白恩威并施、宽严相济的道理。汉尼拔与亚历山大和拿破仑一样,拥有这样高明的远见卓识。毫无疑问,正是对这一原则的应用,才促进了他的这次行动。

  就这样,汉尼拔翻过了比利牛斯山脉,他所面临的下一个挑战,就是横渡罗纳河。

强渡罗纳河

精彩看点

预期的困难——汉尼拔的侦查小分队——一些部落遭到打压——高卢人的恐慌——阿尔卑斯山脉——翻越的困难——汉尼拔传给高卢人的信息——政策起效——科尔内利乌斯·西庇阿——他率军登船——两军到达罗纳河——西庇阿的侦查小分队——高卢人对汉尼拔的感受——河对岸的高卢人反对汉尼拔通过——渡河的准备——造船——木筏——敌人静观其变,爱莫能助——渡河的困难——汉尼拔的战略——他的计谋——汉诺率领先遣队——汉诺的成功——信号——渡河——混乱的场面——汉诺的进攻——高卢人逃离——运送大象——运象的方式——新的计划——巨型木筏——大象平安渡河——两军的侦查小分队——两支先遣队不期而遇——一场战斗接踵而来

第四章 强渡罗纳河

翻越比利牛斯山脉之后,汉尼拔并没想到什么新的困难,直到他到达罗纳河边。他明白,那是一条湍急的大河,而且他必须在河口附近渡河,因为那里水深岸低;此外,在科尔内利乌斯·西庇阿率领下前来迎战他的罗马人很有可能先他到达了罗纳河,在岸上做好了准备,阻挡他渡河。因此,他提前派了一支先遣队去侦察地形,选择一条通往罗纳河的路线。如果他们一路顺利,他们将继续前进,到达阿尔卑斯山脉,勘察道路和隘口,以便汉尼拔的大军能顺利翻越这些大雪覆盖的高山。

似乎在他到达比利牛斯山脉之前——也就是说,他还在西班牙自己那一边的领土上时——一些他不得不穿过其领土的部落,采取行动抵制他,因此,他不得已通过武力攻打和压制他们,然后,当他准备继续前行的时候,会在那些部落留下一支军队,使其臣服。有关他攻打这些部落的谣言传到了高卢人的耳中,高卢人为自己的安全深感担忧。他们并未打算反对汉尼拔,只要他们认为他只是想安全地通过他们的领土,去往意大利;但现在,从西班牙发生的事来看,他会攻打沿途穿过的所有国家,这让高卢人忧心忡忡。他们拿起武器,匆匆忙忙地在鲁西诺集合,规划防御事宜。鲁西诺就是罗马大使从迦太基回意大利时,召集高卢的大军事议会的地方。

正当这个大军事议会,或者更确切地说,军队大会,在威胁逼近、群情激愤的鲁西诺召开的时候,汉尼拔到达比利牛斯山脉脚下的小镇——伊利贝里斯。他似乎不担心高卢人针对他的反对行动会成功,担心的是耽误时间。当去意大利的路就在脚下时,他可不愿意把宝贵的初夏用来对付高卢人。此外,在任何时候翻越阿尔卑斯山脉,都是非常艰难困苦的,更确切地说,除了七月与八月,其他时间完全不切实际。在别的季节,大雪封山,无法翻越。到了现代,凿山开路,暴露在山体以外的路面,会在头顶的山坡上修建突出的飞檐进行保护,有了它,即便风暴来了,雪崩发生了,也不会造成伤亡,以致现在,法国与意大利之间穿越阿尔卑斯山脉的普通旅游,在一定程度上,全年都在进行。然而,在汉尼拔的时代,只有在夏天才能翻越阿尔卑斯山脉,而且若不是结果证明了行动是成功的,那么率领军队试图翻越此山会被认为是不可宽恕的鲁莽和愚蠢。

汉尼拔没有时间可以浪费,当时的情况要求他忍耐与大度,而不是挑战与诉诸武力。因此,他派信使去鲁西诺的大军事议会,恳切而谦和地告诉高卢人,他希望面见他们的王子,共商大计;如果他们同意,他将亲赴鲁西诺,

第四章 强渡罗纳河

或者如果他们更愿意来伊利贝里斯见他,那他会很期待他们的到来。他还允许他们自由出入他的营地,并且还说,如果他们愿意接受他,他很乐意去他们的营地,因为他是以朋友和盟友的身份来高卢的,他想要做的,只不过是顺利地穿过他们的土地而已。他说,他已下定决心,只要高卢人答应他这个要求,在他到达意大利之前,他的军中不可能有一人拔剑出鞘。

普遍存在于高卢人中的恐慌与敌对情绪,因为这一消息而大大减弱。他们拔寨起营,朝伊利贝里斯行进。王子们和高级军官去了汉尼拔的营地,受到了最高的礼遇。他们满载而归,为来访者的慷慨、富有、谦和所折服。他们并没有反对他通行,反而为他的军队做向导。他们先把汉尼拔的军队带到鲁西诺,那可是他们的首都,然后,在那里短暂停留之后,军队不再受到任何干扰,直奔罗纳河而去。

与此同时,罗马行政官西庇阿率领迎战汉尼拔的大军,在台伯河河口登上了六十艘舰船,向罗纳河口航行。士兵们挤在船舱里,那时海上运兵也只能如此,他们不能出海太远,因为没有指南针,在暴风雨和多云的天气里,除非通过陆地,否则无法导航。因此,舰船沿海岸慢慢前行,有时靠帆,有时靠桨。旅途的艰辛与困顿——如此狭小的空间却挤满了众多的士兵,那种拘束与晕船,随之带来各种不适终于熬到了尽头,舰队进入了罗纳河河口。军官们并不知道汉尼拔就在附近,只听说他渡过了埃布罗斯河,他们以为他还在比利牛斯山脉那一边。罗马军队通过第一条支流进入罗纳河——因为罗纳河和尼罗河一样,在河口附近分叉,通过几条分离的河道流进大海——漫不经心地驶向马赛,想象着他们的敌人还在数百英里之外,或许正在比利牛斯山脉的峡谷中泥足深陷。但恰恰相反,汉尼拔已经安全地在罗纳河岸边安营扎寨,就在他们上游不远处,平静地为渡河做着准备。

当科尔内利乌斯让他的人上岸,他们因为旅途劳顿和晕船而筋疲力尽,没有几天的休整和恢复,根本不可能迎战汉尼拔。然而,科尔内利乌斯选了三百名还能动弹的骑兵,

古代的马赛

第四章 强渡罗纳河

派他们溯流而上，侦察敌情，并向他汇报。派遣完侦查小分队，他留在营地，重新整肃并招募军队，等待先遣队侦察归来。

迄今为止，尽管汉尼拔在穿越高卢人的领地时，并未遭到猛烈的抵抗，但并不能因此就认为他穿过其领地前往意大利的高卢人，就真的支持他的事业，或者乐意他出现在他们的土地上。对于任何被进驻的国家而言，军队总是一种负担和祸害，就算其唯一的目的只是和平地通过。高卢人对这个可怕的入侵者及其军队表现出友好，不过是因为他们觉得只有这样做，汉尼拔才会尽快通过并离开。他们太弱小，根本无力阻止他，所以，两害取其轻，他们只能竭力帮他快速通过。后来，直到他抵达罗纳河边，其他许多部落也采取了同样的做法。然而，在罗纳河另一边更远的地方的高卢人，认为他们最好奋起抵抗，因为他们离罗马更近，相应地从某种程度上来说受罗马的影响更大，他们担心，如果他们给予汉尼拔任何帮助，哪怕是被动的，罗马人也会憎恨他们；加之有水宽浪急的罗纳河横在敌人与自己之间，他们想，有了这一天然的屏障，他们有理由相信，能将汉尼拔彻底地拒于领地之外。

就这样，当汉尼拔抵达罗纳河边，河这边的人急着帮忙，而河那边的却决心阻挠，双方都受同样的愿望所驱使，也就是使自己的领土免遭九万大军的蹂躏。后来，汉尼拔站在河岸上，河这边支持他的高卢人将他们能找到的所有船舶提供给他，全力以赴帮他的大军过河，而河对岸却在排兵布阵，刀光剑影，占据每一处登陆点，沿岸遍插尖矛。在他们身后，极目远眺，可见帐篷林立，旌旗招展。期间，科尔内利乌斯选派的三百名骑兵，正小心而缓慢地从下游的罗马军队的营地溯流而上。

经过对河中以及对岸情况再三考虑之后，汉尼拔开始了渡河的准备。他首先将沿岸居住的高卢人的所有船舶归拢到一起，而这仅仅是开头，接下来，他在方圆几英里之内收集工具，召集工匠，开始建造更多的船舶。当地的高卢人习惯用大树的树干造船，树被伐倒后锯成合适的长度，用斧锛掏空中心，然后底朝天放稳，外面被抛光，便于在水中滑行。这种造船方式如此便捷，以至在参天大树俯拾皆是的地方，这种做法一直沿用至今，这种船现在被称为"独木舟"。

罗纳河两岸树木葱茏，汉尼拔的士兵们看着高卢人造船，慢慢地掌握了造船的技巧，有的士兵开始在较为容易的造船步骤上帮助他们的新盟友，然后开始砍伐大树自己造船。其他手艺不精或心性急躁的士兵，则不愿坐等挖空树心这么缓慢的过程，因此，他们砍伐大树，堆在岸边，把树干锯成同样长短，并排放下水，固定或捆绑在一起，做成筏子。他们说，他们的筏子外观形式和制作方法无关紧要，因为他们就使用一次。只要能承重并浮在水面上，什么东西都可以。

同时，河对岸的敌人只能眼睁睁地看着，却无力阻止这些行动。假如他们有现在使用的大炮之类的武器，估计会隔河开火，不等高卢人和迦太基人把船和筏子造出来，就用炮弹把它们炸个粉碎。事实上，在这样的炮击下，工匠们是造不出船舰的；但敌人在这种情况下，有的只是长矛、弓箭和石头，用手或器械投掷，其射程不足以越过这样一条河流。因此，他们只能静观其变，看着这些了不起而艰巨的、用来攻击他们的准备工作继续进行却无能为力。他们唯一的希望就是，当敌人最终到达岸边并试图过河的时候，用他们的投掷物打垮汉尼拔的军队，阻止他们登岸。

如果一支军队在过河的时候没有敌人阻拦，一定数量的船舶就够用了，因为同时可以运送一部分军队，然后同样的运输工具反复使用就可以慢慢地将整支军队运过河去。但若在登岸时遭遇敌军，就有必要采用同时可以运送大量军队的运输方式，因为如果只有一小部分人员先登岸，就会因为弱小、无力抵抗而落入敌手，这无异于以独羊投狼群。因此，汉尼拔等到船和筏子都造好了，足以负重并漂浮在水面上，才将一支足够数量的精锐之师，送往河对岸去攻击敌人。汉尼拔胜利在望。

如前所述，罗马人认为汉尼拔很狡猾。和亚历山大一样，他当然不打算在战斗中仅凭勇敢和武力的优势，为了捷报频传，他总是深谋远虑。在这种情况下，他也是这么做。多日以来，他在敌人眼皮子底下，持续不断地进行盛大的阅兵，忙忙碌碌地建船造筏，似乎他唯一的依靠就是一举能送过河的千军万马，这样一来，他就将敌人的注意力紧紧地吸引到这些准备工作上来了。然而，这段时间，他早就心生一计，并正在执行。他派了一支劲旅，秘密地溯流而上，依令悄悄地穿过森林，在几英里远的上游渡河。这支劲旅按照约定的时间从河边向后撤，直至对面的敌人看不见他们，才折身向上游前进，设法过河。一旦过河，便绕到敌人后方，以便在汉尼拔与主力部队渡河的同时对敌人发起袭扰和攻击。如果他们能安全地渡河，就在对岸的树林里点燃篝火，这样一来，上升的烟柱就给汉尼拔发出他们已成功渡河的信号。

这支先遣队由一个叫汉诺的军官指挥——当然，此人不是在迦太基与汉尼拔为敌的那个汉诺。汉诺夜里出发，从河边撤退，开始急行军，以便完全淡出河对岸高卢人的视野。一些当地人做他的向导，答应带他走一条渡河的捷径。一行人向河上游走了大约二十五英里，发现那里河面更宽，水流更缓，河水更浅。他们悄无声息地来到这里，下游的敌人绝对想不到这样的计谋，因此，由于无人阻拦，他们过河要比下游的主力部队容易得多。他们做了一些筏子运送那些不会游泳的人以及不能浸水的军需品，其余的人则聚团前行，直达河边，然后他们把盾牌垫在身下，凭借盾牌的浮力，半游半划地过了河，就这样，他们全部安全地抵达对岸。他们停留了一天，晾干衣服，稍事休息，然后

第四章 强渡罗纳河

溯流而下，直到离汉尼拔所在的位置足够近，以便他能看到信号。他们点起篝火，欣喜若狂地凝望着袅袅升空的烟柱。

汉尼拔看到了烟柱，立即准备率军渡河。骑兵们上船，牵着马缰绳，为的是引马下水，与船同游。其他马匹，被装备好后，牵上大型平底船，滴水未沾地运到对岸，这样登岸后就能立即投入使用了。战斗力最强的队伍，自然第一批渡河，而那些老弱病残则被留在后面，稍晚些时候，当第一批渡河人员快要成功的时候，军需物资也跟着往对岸运送。期间，对岸的敌人正严阵以待。现在已经万事俱备，只等入侵者一接近河岸，就对他们发起猛烈的攻击。

当汉尼拔的队伍上船离岸的时候，还显得安静有序，但当他们行至河心，就大呼小叫，鬼哭狼嚎，真是喧闹嘈杂，沸反盈天。激流将船和筏子冲往下游，漩涡则使它们相互碰撞，很快就出现了人声鼎沸，惊慌混乱的惊人场面。第一批船一靠岸，对岸的高卢人就一拥而上，冲下河岸，长矛、箭镞、石块，如急雨，似飞蝗，铺天盖地地投向登岸者；他们嘴里还发出蛮族武士进入战斗时常常发出的那种令人毛骨悚然的叫喊，既能壮大自己的声势，又能吓破敌人的胆。汉尼拔的军官们催船奋进，尽可能从容冷静地努力登岸。要是没有汉诺率领的先遣队出其不意地投入战斗，那么这场渡河大战会如何收场谁也说不准。正当高卢人激动万分，试图将迦太基人赶下河岸时，却听到身后敌军人喊马嘶，他们大吃一惊，急忙举目四望，看到汉诺的人马，以万夫莫当之勇，从树林中冲了过来。任何一支军队，如若腹背受敌，肯定是吃不消的。高卢人稍做抵抗后，就放弃了阻止汉尼拔登岸的企图，他们逃往下游，回到内地，汉诺就牢牢地占领了河岸，而汉尼拔和主力部队则轻轻松松地上了岸，发现迎接他们的不是敌人，而是朋友。

既然没有了敌人的袭扰，余下的队伍以及辎重军需，接着就被毫不费力地送过河。然而，有一小支"队伍"却惹出了麻烦，耽误了过河，那是一群军象。如何让这些笨重的庞然大物渡过水宽浪急的河流真是个难题。汉尼拔实现目标的方式有多种说法，由此看来，他采用了几种不同的方式。方式一：大象饲养员挑选了一头精力最为充沛，性情最为暴烈的大象，设法对其逗弄、折磨，以便激怒它。大象抬起鼻子，逼近饲养员试图报复。饲养员在前面逃，大象在后面追，象群中的其余大象也都跟过来，这是动物在这种场合下的惯常做法。饲养员跑进河里，似乎要躲避追他的大象，而那头大象和象群中的大部分成员紧追不舍。那个人游到了河里，而大象们在它们能停下脚步之前，发现已经水深没顶，一些大象跟随饲养员游过了河，很快就安全了，另一些则受到了惊吓，被湍流冲到了下游，无助地挣扎着，直到最后搁浅在滩涂和岬角上，它们从搁浅的地方努力登上河岸，有的登上了东岸，有的登上了西岸。

因此，这个方式只是部分取得了成功，汉尼拔又想出了更有效的方法来运送余下的大象。他造了一个巨大的筏子,让它漂到岸边并牢牢固定,覆以泥土、草皮和灌木,使之看上去更像一块凸出的陆地,然后他命人造了另一个同等大小的筏子,把它挪到第一个筏子的外边缘,临时固定到一起,然后像第一个那样,覆盖并隐藏起来。第一个筏子从岸边向水面延伸了二百英尺长,五十英尺宽。另一个,也就是外围的那个,只比第一个稍微小了一点点。然后士兵们设法引诱并驱赶大象到第一个筏子上,再到外围的筏子上。大象们以为它们并未离开陆地。接着,两个筏子被解开,外围的那个开始载着大部分大象,在提前系到筏子上的船舶的牵引下,划过了水面。

大象们一感觉到运动,就惊慌失措,立刻开始紧张地四处张望,挤在运他们过河的筏子边缘。它们发现自己四面都是水,惊恐万状,不知所措。有的被挤进河里,漂到下游才又登岸。当其余的大象发现逃跑和反抗同样徒劳无益时,它们很快就安静了下来,乖乖地被运过了河。

这些事件发生的同时,西庇阿派往上游,侦查迦太基人动向的三百名骑兵,正一路向前,慢慢地接近汉尼拔渡河的地方;碰巧汉尼拔一到河边,也派了五百名士兵溯流而下,去了解罗马人的动向。双方都不清楚自己离敌人有多近。两支先遣队在路上突然不期而遇,他们是奉命侦察的,不是打仗的;但双方势均力敌,都雄心勃勃地想获得擒获对方、献俘大营的荣耀。结果,他们就打了一仗,时间持久,充满血腥,很多人毙命。双方伤亡人数相当。罗马人说他们赢了,我们不知道迦太基人会怎么说,但由于双方都从战场上撤回了各自的营地,可以肯定地说,他们都无颜吹嘘自己取得了决定性的胜利。

第五章

翻越阿尔卑斯山脉

精彩看点

阿尔卑斯山脉——高处不胜寒——雪崩——它们可怕的力量——冰的运动——裂缝和断层——阿尔卑斯山脉里的道路——汉尼拔对军队的演说——演说的效果——西庇阿尾随汉尼拔——令人伤心的遗迹——西庇阿的迷惑——他乘船回到意大利——危险的隘口——军队安营扎寨——山民——汉尼拔的策略——山民们的震惊——惨烈的冲突——汉尼拔的攻击——山民们被打败——军队停下休整——食物短缺——山上的牲畜和禽类——觅食小分队——搜集家畜——队伍的进展——人质——汉尼拔的疑虑——山民的背叛——他们攻打汉尼拔——大象——汉尼拔的队伍被截断——汉尼拔对山民们发起进攻——山民们扰乱汉尼拔的进军——汉尼拔顽强的毅力——掉队的人马陆续回营——山里的暴风雪——枯燥的露营——部队继续前进——意大利首次映入眼帘——军队欢呼——行军的疲劳——新的困难——冰川上行军——难以逾越的障碍——汉尼拔劈开岩石，让大军通过——队伍安全抵达意大利平原

第五章 翻越阿尔卑斯山脉

对于任何一个从未真正地见识过像阿尔卑斯山脉这样的山脉的人来说，很难对它的雄伟壮丽形成清晰的概念。汉尼拔从未见过阿尔卑斯山脉，但它们在那时和现在一样，早已闻名于世。

这些山脉呈现出的崇高与壮丽，其某些基本特征主要是由山顶持续不断的寒冷造成的，简单地说，是因为海拔。在地球上的任何地方，当我们从地面升到空中，因为这样或那样的神秘原因，升得越高就会越冷，以至无论我们身处何地，在我们头顶两三英里的地方，总是寒气逼人。不光在凉爽温和的纬度如此，在全球最炎热的地区也是如此。如果我们正午时分在婆罗洲乘坐气球升空，热带的炎炎赤日径直地挂在头顶，上升至海拔五六英里，我们会发现，尽管我们一直在向太阳靠近，阳光却逐渐地失去了威力。它们和以前一样明亮地照耀着我们，但热量却在减退，感觉像是月光，周围的气温像寒带的冰山一样。

夏天的冰雹，正是从这一持续寒冷的区域降落到我们头上，雪花也在这一区域不断地形成并降落。但轻柔的雪花在到达地面之前就已经融化，以至当坚硬无比的冰雹气势磅礴地穿过大气层，雪花却融化，变成凉爽清新的雨水降到我们头上。雨水冷却了我们周围的空气和地面，因为它来自于寒冷的高空。

现在，阿尔卑斯山脉的峰顶以及广大的高坡地区，恰恰高耸入云，成为终年天寒地冻的地区。当然，那里冰天雪地，经年不化。勃朗峰顶部覆盖着厚厚的雪床，一如其下面的花岗岩层，这几乎成了此山永恒的地质构造层。

当然，在冬季，整个阿尔卑斯山脉，包括山谷和山丘，都被大雪覆盖。到了春天，山谷中和平原上的大雪融化，更高处的雪，由于部分融化而变得潮湿沉重，以汹涌的雪崩的形式滑下高坡。有时，雪崩会以如此庞大的体积，如此势不可挡的速度，如此强悍的威力下降，随之带下泥土、岩石，甚至森林中的树木。而在高坡上和所有的圆形山顶上，雪依然留在原处，哪怕是七月的阳光，也不能使之融化。

阿尔卑斯山脉的高处，沟壑峡谷不计其数，这里的皑皑白雪，来自冬天的暴风雪和春天的大雪崩。这些大量的积雪，在表面以下已结成冰，因为表面在不断融化，雪水渗入雪堆，导致下部结冰。因此，这些山谷，或更确切地说，这些沟壑，有的达两三英里宽，十到十五英里长，冰封千仞，透明，坚固，泛着青光。它们被称作"冰川"。关于这些坚冰，最令人感到吃惊的是，尽管冰本身非常坚固结实，整个冰

第五章 翻越阿尔卑斯山脉

层被发现,不断缓慢地,以每天大约一英尺的速度向其所在的山谷下方移动。站在冰面上仔细听,有时我们能听到嘎嘎的摩擦声。冰川两边的岩石被粉碎,不停地发生着位移、碰撞和掉落,除此之外,它还是一个更加直接和确凿的证据,说明冰川的确在移动。冰上可能会留下记号,情况往往如此,山谷两边的岩石上也会相应地留下记号,通过这种方式,冰川位移的事实和精确的速度,就能被完全弄明白。

因此,这些山谷事实上拥有真正的冰河,起源于山峰之间,流进下游更大更开阔的谷口,尽管缓慢,但却源源不断。流经冰川表面的溪流,通过无数令旅行者窥之胆战的裂缝和断层,渗入冰层内部,在冰层下面汇聚并形成浑浊的洪流,从因水流侵蚀、冰块掉落而形成的巨大拱形出口流出。冰川下端有时会形成壁立千仞的高墙;有时会向下挤进肥沃的山谷;在一些气候反常,极端寒冷的夏天,进入耕作区域,当它缓慢前移的时候会犁起地面,带走果园和田地,甚至把人们从受到威胁的村子里赶走。如果第二年夏天气候温暖,这个可怕的怪物就会收回它那僵硬的头颅,居民们也会回到它极不情愿撤出的土地上,试着修复它损坏的一切。

阿尔卑斯山脉坐落在法国和意大利之间,它的这些大峡谷和连绵不断的山脉如此走向以至要想从一个国家到另一个国家,就必须翻越这些山脉。然而它们并不规则,而是被数以万计的断层、沟壑和裂隙横切,有的地方呈现出巨大的圆顶和突起,银装素裹,而有的地方山势又巍峨高耸,如剑指青天,即便岩羊也无法攀登,几乎片雪不留。围绕着这些山峰,穿过这些可怕的峡谷和断层,道路曲折盘旋,经常呈"之"字上升,沿着最令人心惊的悬崖峭壁爬行,时而在崖下,时而在崖畔,横贯黑暗阴郁的峡谷,紧贴浊浪滔天,冒着泡沫的洪流,或许最后又出现在一条冰河表面,消失在无边无际的冰天雪地里,成千上万条小溪在透明的河道里奔流,它们张开大口,随时做好准备,只要旅行者不小心滑倒,它们就能把他吞没,落入它们那无底的深渊。

然而,尽管阿尔卑斯山脉高处景色凄凉,地势较低的山谷,却是无法形容的满目苍翠,美丽异常,小溪从这里

阿尔卑斯山脉

第五章 翻越阿尔卑斯山脉

最终蜿蜒流入开阔的平原，旅行者从这里欣赏到令人赞叹的高山美景。早春洪水不断，沉淀物使土地异常肥沃，夏天和煦的阳光照耀着它们，真是百花齐放，万紫千红。沃野千里，稻谷飘香。供农人、羊倌和牧人居住的，风格独特，造型别致的小屋，散落在谷底的每一座小山丘上，紧挨着两边山脉的斜坡。在它们上方，"碧波"万顷的云杉和雪松，它们那暗绿色的枝叶，羽毛般地轻拂着悬崖峭壁和岩质斜坡。再往上看，更高处是灰色的崖壁，它们螺旋上升，形成巅峰，如若不是如此对称，定比人为的景色更加壮丽，更加奇绝。在这些山峰之间，洁白耀眼的雪堆比比皆是，点缀在背景中，覆盖在更远处高耸的山巅。

汉尼拔决心取道阿尔卑斯进军意大利，而不是从海上坐船远征，一直被认为是古代最伟大的事业之一。他犹豫了一段时间，到底是沿罗纳河而下，迎战西庇阿，还是应该置罗马军队于不顾，而他继续翻越阿尔卑斯山脉，进军意大利，对此他举棋不定。他的军官和士兵们现在知道了他们的目的地和首长的计划，他们想去迎战罗马人，但他们对阿尔卑斯山脉心怀敬畏。他们愿意面对敌军，不管他们有多么强大，因为这是他们习以为常的和可以理解的危险；但一想到那些奇特而糟糕的景象，他们的心中就充满了恐惧，比如摔下怪石嶙峋的悬崖峭壁，或者慢慢冻僵，然后在路上半死不活地被埋在一望无垠的冰天雪地里。

当汉尼拔发现士兵们担心害怕、裹足不前时，就把主力部队召集起来,给他们做了一场演讲。他告诫他们,既然曾经遭遇过类似的危险,并已经成功地战胜了它们之后,现在屈服于自己的恐惧是不值得的。"你们已经翻越了比利牛斯山脉,"他说道,"过了罗纳河,事实上,阿尔卑斯山脉已经近在眼前,它就是通往敌国的那扇大门。你们认为阿尔卑斯是什么?它终究只不过是座高山罢了,假如它比比利牛斯山脉最高峰还高,它也不可能直上青天,那既然它不能直上青天,就不是不可攀登的。事实上,它每天都被战胜。山上甚至有人居住,有人耕种,旅行者们来来回回地翻山越岭。一个人能做到的,一支军队也可以做到,因为军队就是一大群个人组成的。其实,对于一名除了武器什么也不带,一心向战的士兵而言,没有什么道路是勇气和精神不可战胜的。"

演讲过后,汉尼拔发现他的士兵们受到了莫大的鼓舞和激励,就命令他们回到自己的营帐,养精蓄锐,准备第二天出征。他们不再反对前进,但汉尼拔并没有立刻挥师向阿尔卑斯山脉进军,他不知道西庇阿会有怎样的计划,大家还记得,在罗纳河畔,他就率领着罗马军队驻扎在下游。汉尼拔不想把时间和精力浪费在高卢与西庇阿的战斗上,而是要尽可能快地奋力向前,越过阿尔卑斯山脉,进入意大利。他担心如果他试图走直线,西庇阿会穿过田野截击他。为了最终能迂回地到达阿尔卑斯山脉,他决定沿河北上,直到完全到达内地。

第五章 翻越阿尔卑斯山脉

事实上,西庇阿的计划是尽可能快地追击汉尼拔,相应地,他的骑兵,或者更确切地说,那些从战斗中捡回一条命的人,告诉他汉尼拔和他的军队就在附近,他拔营起寨,迅速溯流而上。在迦太基人离开的几天后,他来到了他们过河的地方,那里满目疮痍,一片狼藉。方圆一英里之内,草皮被踏平,四处都是点完篝火留下的黑斑和冒烟的灰烬。满地都是树冠和枝条,树叶在阳光下枯萎,树丛和森林里堆满了树枝和丢弃的树干,大树被伐倒,留在原处。从河岸到河里,是一排排的破船烂筏,遗失或丢弃的武器,遍野的横尸,有的是渡河时被淹死的,有的则是在岸上被杀死的。只有这些以及其他不计其数的遗迹,但军队却不知所踪。

然而,那些群集到此,查看现场的当地人和其他造访者,现在注定会被历史所铭记。从他们口中,西庇阿得知汉尼拔何时离开并去了哪里。他觉得追他无益,却又大惑不解,束手无策。在抓阄时,西班牙归了他,但既然现在他前来迎战的大敌已经彻底离开了西班牙,他唯一能拦截敌人前进的希望就是坐船回到意大利,当汉尼拔从阿尔卑斯山脉下来,进入波·思第尔大峡谷时再与他交战。另外,由于西班牙被作为他的势力范围划归他管,他不能就这样完全放弃它,因此,他把大部分军队派往西班牙,去攻打汉尼拔留在那里的军队,而他自己,带领一小部分军队,下到海滩,又乘船回到了意大利。他希望在波·思第尔大峡谷遇到罗马军队，这样，当汉尼拔从山上下来时，他就有足够的底气迎战，当然，如果汉尼拔真能成功翻越阿尔卑斯山脉的话。

同时，汉尼拔继续前进，离士兵们多日以来在东边的地平线上看到的雪山越来越近。这些雪山在夕阳西下时光芒万丈，瑰丽无比，因为那时阳光直射在雪山上。当军队渐行渐近，雪山便逐渐淡出，最后消失在他们的视野中，被其中较低的但更近的山峰遮住。然而，当士兵们继续前行，进入山谷，靠近山中令人胆寒的断层和悬崖，看到滔滔洪流一泻而下，他们的恐惧被再次唤醒。然而，现在后悔已为时过晚，他们奋力前进，不断攀登，直到道路变得极其险峻，一条羊肠小道，穿过几乎无法逾越的隘口，头顶是怪石嶙峋的悬崖峭壁，周围是巍然屹立的雪山高峰。

最后，他们来到一个不得不通过的狭窄隘口，但此处却被大量武装人员据守，他们聚在岩石和峭壁上，只要汉尼拔的军队试图通过，他们就准备投掷石块和各种武器。军队停下来，汉尼拔命令他们在原地安营扎寨，直到他能想出对策。那一天当中，他了解到，山民们因为夜里极度寒冷，没有遮挡，所以不会待在他们的制高点；他还了解到，当一支军队，试图在没有日光引导的情况下，小心谨慎地找到这些隘口的出路，更确切地说是小径时，他们是不可能越过这样的隘口的。这些小径往往紧跟着一条从一系列令人魂飞魄散的沟壑和断层中流出的山泉，常常要沿着岩

汉尼拔率领大军正在翻越阿尔卑斯山脉

层或凸出的岩石前行，有时近百或上千人，会在下面水花四溅、轰鸣咆哮的河床上走过。当然，没有日光的引导，是绝对不可能安全地通过这样一条路线的。

因此，山民们清楚，夜里根本无须把守隘口——它自身的危险足以成为天然的保护——他们习惯了傍晚各自下山，找地方休息，早上回来继续警戒。当汉尼拔了解到这一点，他决心第二天先于山民们占领这些岩石，为了防止山民们怀疑自己的计划，他假装在已经拿下的阵地上安排晚上的露营。因此，他搭建了更多的帐篷；傍晚时分，又点燃了大量的篝火；并且假做准备，表明第二天要强行通关的决心；他将一支精锐的先遣队，派到离隘口不远的地方，构筑工事，进入防御位置。似乎万事俱备，只等第二天时机成熟，就向隘口进军。

山民们看到这些进行中的准备活动，期待来日会有一场恶战。到了夜里，他们像往常一样，离开自己的哨位，回到休息的地方。然而，第二天一大早，当他们开始向上攀登，却吃惊地发现，所有高耸的岩石、悬崖和高悬在隘口上方并突出的岩架上，站满了迦太基人。原来天刚拂晓，汉尼拔就叫醒了一支劲旅，攀上陡峭的山体，以便先于山民们到达他们把守的地方。眼前的景象，让山民们停下了脚步，目瞪口呆。俯瞰脚下的山谷，他们更是怒气冲天，失望至极，因为迦太基人那长长的队伍，正静静地，迤逦地通过隘口，显然他们很安全，不受任何打扰，因为是朋友，而不是敌人，占据了头顶的悬崖。

第五章 翻越阿尔卑斯山脉

山民们抑制不住心中的怒火,他们立刻冲下爬了一半的山坡,对峡谷中的敌人发起了进攻。接下来出现了混乱的打斗场面。有的人被武器或滚落的岩石所杀,其他人则扭作一团,占据立锥之地拼死挣扎,一头栽倒在犬牙交错的岩石上,跌入脚下的深涧;驮着行李辎重的马匹,受到惊吓,失去控制,在危机四伏的断崖绝壁上相互推挤。站在高处岩石上的汉尼拔焦急而惊恐地看着眼前的一幕,他不敢下山加入混战,生怕引起更大的混乱。可是,他很快发现,他绝对有必要下山干预,就率领先遣队,顺着"之"字形的崎岖的羊肠小道,急急忙忙赶下来,只要能在岩石中立住脚,就和愤怒的山民们展开激烈的搏斗。结果,正如他担心的那样,他一下去,战斗更加激烈,场面更加混乱。激烈的打斗声,混合着响亮的呐喊与哭叫,被山谷的回声翻倍放大,使马匹越发感到害怕。他们挤做一堆,人仰马翻,一股脑跌落悬崖,掉到突兀峥嵘的岩石上,东倒西歪地躺了一地,有的早已毙命,有的一息尚存,痛苦无助地扭动着身体,或者白费气力地试图爬走。

然而,山民们最终还是被打败并赶走,道路被扫清,隘口又变得畅通无阻。迦太基人的队伍又恢复了秩序,没掉下山崖的马匹安静下来,扔下山崖的行李被捡了回来,受伤的人被放在现场粗制滥造的担架上,以便把他们送往安全的地方。不大一会儿,队伍就整装待发,重新开始行军。再没别的困难了,队伍安静有序地通过了隘口。最后,他们到达属于当地人的一个高耸的要塞，汉尼拔占领了它，命令队伍停下稍事休息。

一名率军通过艰险道路的将军，所面临的最大困难之一，就是为大家找到食物。军队不能长途携带食物。士兵在平坦路面上行军，也只能携带几天的口粮，而在像阿尔卑斯山脉艰险的小路上行军，几乎不可能携带任何食物。因此，指挥官必须在他行经的土地上解决吃饭问题。于是，汉尼拔现在不光要警戒军队的安全，还因为干粮耗尽，他必须立即采取措施，保证食物的供应。

巍峨的山脉地势较低的斜坡上，往往都是鸡鸭成群，牛羊肥壮。和风细雨不断地滋润着这里，从山上下来的湿气，使得这些高山草甸水草丰美，鲜嫩滴翠，牛羊自由自在地漫步其中。他们爬到高处极目远眺，发现越往上走，草甸如绿毡铺地，芳草萋萋，越发惹人怜爱。因此，山区居民大都是羊倌和牧人。下面的山谷中可以种植谷物，但山坡上，尽管草木茂盛，却太陡峭而无法耕种。

汉尼拔一在要塞安顿下来，就派小分队出去捉鸡逮鸭，驱牛赶羊，凡其所见，悉数带回。这些人当然是全副武装，以便他们随时准备会遇到抵抗。然而，山民们并没打算抵抗，他们觉得自己被打败，因而灰心丧气。唯一可以拯救他们的家畜的方法就是远离这些敌人，尽可能快地将牛羊驱赶到难以抵达的秘密地带。当他们试图这么做的时候，汉尼拔的小分队正在周围的山谷中游荡，查看他们能找到的每

第五章 翻越阿尔卑斯山脉

一处田地、谷仓和羊圈。可怜而又绝望的山民们四散逃窜，赶着牛羊，进入大山深处，那可是他们所有的希望和依靠啊。他们将牛羊赶进丛生的灌木，黑暗的沟壑和峡谷，赶上危险的冰川，陡峭的山坡，赶到任何最有希望不被掠夺者发现的地方。

然而，这些拯救他们那微不足道的财产的尝试，只有部分成功。汉尼拔的抢劫队，一个接一个地带回牛羊，尽管有大有小，但总体数量可观。汉尼拔用这些掠夺来的食物，维持了军队三天的生计。要喂养九万或十万大军，哪怕是三天，也需要大量的食物储备；此外，在所有这种情况下，军队浪费并毁掉的食物总是远比他们真正需要的还要多。

在这三天中，队伍并未驻扎，而是缓慢前行。尽管道路依然艰险，至少比以前开阔。由于现在沿途不再有敌人骚扰，他们一路前行，挥霍着通过掠夺而来的丰富食物，欢庆取得的双重胜利：一方面，他们战胜了敌人；另一方面，他们战胜了旅途的艰难险阻。不幸的山民们回到严重损毁的荒凉小屋，他们之所以不幸，是因为失去了牛羊就意味着失去了一切。

阿尔卑斯山脉并不全在瑞士境内，它的一些最著名的山峰和山脉，位于邻国萨伏依境内。整个国家，事实上，又被分成了小的行政区，如今被称作"州"，罗马帝国时期也有类似的行政区划。因此，他从前面讲到的隘口出发后，汉尼拔很快就到了另一个州的边界。当他带领大队人马，迂回穿过山谷，缓慢进入这个州的地盘时，在边界上遇到了州政府派来的一个使团。他们带来了新鲜食物和许多向导。他们说，他们已经听说那个州因为试图阻止汉尼拔进军而遭到了重创；还说他们无意步那个州的后尘。因此，他们说明来意，是为汉尼拔提供友谊和帮助的：他们带来的向导会带领队伍走最好的山路；还有美食作为礼物；他们还给汉尼拔带来了人质，以表明他们对于自己使命的真诚。这是些年轻人，都是名门望族的孩子，他们被带来，交到汉尼拔的手中监管起来，直到他看到他们这么做的诚意。

  汉尼拔已经习惯了工于心计和背信弃义，以至他一开始竟摸不准这些赠予和使命是否真实可信，或者他们只是做出样子使他放松警惕。他认为有可能那只是引他上钩的计谋，以便将他引入某些危险的峡谷或岩石迷宫，使他无法脱身，然后一举消灭他。虽然他决定给他们一个满意的答复，但密切注意他们的动向，在他们的带领下极其小心地前进。他接受了他们提供的食物，带走了人质。后来，这些人质在一队士兵的监管下，与其他军队一起前进。然后让新的向导带路，部队紧随其后。大象先行，可以在前面和身边为他们提供一定的保护。然后是马匹和骡子长长的队伍，驮着军用物资和行李。最后步兵跟上，以不规则的长队列行进。整个队伍一定延续了好几英里，像巨蛇一样出现在周围的高地上，蜿蜒曲折地穿过原野和荒凉的山谷。

第五章 翻越阿尔卑斯山脉

汉尼拔的怀疑没有错,使团是个阴谋。派来使团的人在一个非常狭窄的隘口埋下伏兵,把他们的人藏在灌木丛中和岩缝中,藏在怪石嶙岩的角落里。当向导们将队伍完全引入危险的境地,突然发出一个信号,这些隐藏的敌人铺天盖地地冲将下来,冲散了队列,再现了前一个隘口曾经见证过的那可怕的一幕:咆哮,喧哗,毁灭。人们或许会想,在这种场合,大象这种如此笨拙和无助的动物,可能会最先受到攻击,但事实并非如此,山民们害怕大象,他们以前从未见过这种动物,因此对它们怀有一种神秘的敬畏,不知道这样的庞然大物会施展出怎样可怕的力量。因此,他们远离大象,也远离骑兵,冲向了跟在后面的步兵的排头。

他们一开始非常成功,攻破了队伍的排头,其余的被迫后退。与此同时,马匹和大象载着行李继续向前,这样,队伍的两部分很快被完全截断。汉尼拔在后面,和士兵们在一起。山民们利用地形,成效显著。随着夜幕降临,战斗停止了,因为在这样的野外,没有日光的引导,人人寸步难行。山民们留在原地,将队伍截成两段,使首尾不能相顾。与汉尼拔失散的大象和行李,显然落入了敌手,只能任人摆布,这让汉尼拔整晚忧心忡忡,夜不能寐。

夜里,他为翌日攻打山民们做了积极的准备。天刚放亮,他就发起进攻,成功击退了敌人,至少可以说,让他重新将两支人马合到了一起。接着,他再次开始行军。然而山民们却在路上徘徊，尽其所能对汉尼拔的大军进行袭扰。他们埋伏起来，当迦太基人经过时就对他们发起进攻；他们从山上滚下石头砸向敌人，从高处向他们投掷长矛，发射箭镞；不管什么原因，只要汉尼拔的队伍有人落单，他们就会断其后路，俘获或者消灭他们。他们给汉尼拔制造出大麻烦，不断地骚扰他的进军，在任何时候，他们都是以小股散兵而不是正规军的形式出现，这让汉尼拔有力无处使，想打无人应。当然，汉尼拔不再相信向导，他被迫尽力而为，一路向前，历尽千难万险，有时走的路是对的，但多数时候是错的，而熟悉这片土地的人可能会轻而易举地规避这些困难与危险。这期间，只要行进的队伍所到之处的地形和环境使山民们有机可乘，他们就会继续像抢劫团伙一样忽前忽后地攻击他。

然而汉尼拔坚持不懈，在他的权限范围内保护他的人，走出了所有这些令人沮丧的泥潭。他热切地奋力前进，直到九天后到达了顶点，然而说到顶点，并不意味着山顶，而是隘口的顶点，也就是说，他必须到达并通过的最高点。所有的山脉都有陷坑，在瑞士叫"地峡"，山上的小径和道路往往存在其中。在美国，山区的这样一个陷坑，如被清楚明了地标记，则被称为"峡谷"。汉尼拔到达了山口的最高点，他将在大战后的第九天通过这里。然而，巍峨的山峰自然还是耸立在他上方。

他在这里宿营两天，休整队伍。敌人不再骚扰他。事实上，小股失散的，或者滞留在下面山谷中的人马不断回到营地。他们行动缓慢，有的身受重伤，有的已精疲力竭。有些时候马匹独自回来，它们是滑倒或绊倒，掉落到岩石中，或被行李累趴下的，因而才落在后面，后来又恢复了气力，跟了上来，受奇怪的本能所驱使，沿着同伴留下的足迹，就这样，最终重新安全地回到了营地。

事实上，汉尼拔在隘口附近或顶上安营扎寨，延误了时日，其主要原因之一就是，花时间等待所有失散的人马都重新集合，他有必要这么做。要不是有这个必要，毫无疑问，他已经走下山一段距离，至少能到一个更温暖，有遮挡的地方休息。人们几乎找不到一个比阿尔卑斯山脉隘口顶上更阴郁更荒凉的宿营地了。那贫瘠裸露的岩石，完全寸草不生，此外，它们也失去了较低处的山峰呈现出的雄伟和奇特。光秃秃的原野无边无际，向四面八方铺陈在观者周围；微微上升，阴冷枯燥；表面发白，像是被经年的雨水漂白。事实上，在这些高纬度地区，暴风雪几乎是常客。巨大的云团，在下面山谷中的羊倌看来，似乎只是一顶羊毛帽子，静静地挂在山巅，或悠悠地飘在山腰，其实却是强劲的大雾或冰冷的暴雨，在广袤无垠的碎石原上沉闷地咆哮，似乎在生气怒吼，浇了这么多的水，却什么也长不出来！因此，很少能看到远处的景物，而近处的事物也全都呈现出一派单调荒凉的景象。

这样，汉尼拔的士兵们，在他们那巍峨的营地，发现自己身处沉闷的景致中。在这样的地方，还有一种特别的危险，那就是降雪完全笼罩了小径，这在地势较低的山区，遇到的可能性就较小。似乎在这样的地方谈论小径几近荒谬，因为地上没有草皮，一望无际的石原坚硬粗糙，不会留下任何脚印。然而，通常会有一些模糊的路径，在完全没有痕迹的地方，有时会用小石堆来标记，沿途间隔摆放。没有经验的人，在很多情况下，几乎不能将这些小小的地标与周围随意摆放的石堆区分开来。然而，他们给向导和山民们一种非常必要的报酬，和山区其他地区所能提供的帮助一样，向导和山民们也习惯了为他们带路。

但当天开始下雪，所有这些和任何其他可能的辨别路径的方式很快都完全失效。整个地面，或者更确切地说，整个岩石表面都被大雪覆盖，所有地标都消失了。小小的石堆标记在雪地上也只不过微微突起，难以辨别。空气变得浑浊凝重，隔绝了所有远处的景色，同样也模糊了近处陆地的形状和构造。这位晕头转向的远行者甚至没有星星的引领，因为除了黑暗还是黑暗，天空中能看见的，只有从阴云密布的苍穹飘落的雪花。

汉尼拔在隘口顶上遭遇了暴风雪，这让他的队伍极度惊慌。现在是十一月，部队遇到了这么多的阻碍和耽搁，以至他们的行程被推迟了，等待这场雪融化是很不安全的，因此，风暴一停，天一放晴，可以看清周围事物的大致轮廓，他们就拔营起寨，继续前进。士兵们提心吊胆地在雪地里

冰原辽阔,气候寒冷,汉尼拔与将士们继续翻越阿尔卑斯山脉

跋涉。先遣队前去探路，用他们扛的旗帜和横幅引导后来的队伍。先行者自然为后来者踩出了道路，因为雪地上留下了他们的脚印。然而，尽管有了这些帮助，队伍依然走得战战兢兢，颇费气力。

然而最后，在走下山一段距离之后，汉尼拔发觉他们应该很快就能看到阿尔卑斯那一边的意大利山谷和平原了，他就走向前和先锋队同行，他们举着战旗引领整个队伍前进。当开阔的田野映入眼帘，他就选了一个能将所有景色尽收眼底的地方，让部队停下脚步，尽情欣赏呈现在面前的美景。阿尔卑斯山脉在意大利这一边异常险峻，山势陡然下降，从冰天雪地的峰顶，降到郁郁葱葱，阳光灿烂的辽阔平原。他们脚下这些一马平川的平原上，景色秀丽，令人心醉。汉尼拔和他的手下现在欣喜若狂地俯瞰山下。美丽的湖泊，点缀着依然美丽的小岛，反射着太阳的光芒；沃野千里，秋高气爽，层林尽染；农舍和谷堆四处散落；河流在绿油油的草地上蜿蜒，平添一份灵动之气，使得景致更加丰富，更加迷人。

汉尼拔对军官和士兵们发表演说，庆祝他们的辛苦最终已接近成功的终点。"旅途的艰险，"他说道，"终于被战胜。我们攀登的这些强大的屏障，不光是意大利的，也是罗马的铜墙铁壁，既然我们翻过了阿尔卑斯山脉，罗马人就完全失去了保护。当我们下到平原上，只需一战，或至多两战，那座伟大的城池就会任我处置。"

第五章 翻越阿尔卑斯山脉

全军受到眼前景致和汉尼拔演说的鼓舞,他们准备下山,预期困难不大。但是在重新开始行军的途中,他们发现麻烦远未结束,阿尔卑斯山脉在意大利这边比在另一边更为陡峭,大象和马匹,即便是人,要想找到安全下山的路也绝非易事,他们劳神费力地跋涉了一段时间,直到后来,汉尼拔抬头看到前面的队伍停了下来,后面的队伍很快就挤成一堆,队伍相继停下来,因为前面的队伍完全堵死了他们的道路。

汉尼拔派人前去查看停驻的原因,发现前军已到达一处断崖,无路可下。必须迂回寻找切实可走的下山之路。先锋队和向导们继续前进,将队伍抛在身后。他们很快走上了一条横在路上的冰河,表面覆盖着新鲜的雪花,盖住了冰层,藏住了裂缝,人们这样称呼它们——也就是穿过冰层,延伸到冰川下部的大裂缝。队伍继续前进,踏着新雪,起初,踩出了一条新路,但很快陈年的冰雪遭到如此威武雄壮的千军万马的踩踏而露了出来,融化变软并深陷下去,使得穿越变得异常困难,除此之外,雪坡冰面陡峭湿滑,人与兽不断摔倒或滑倒,被因自重而导致的雪崩或暗藏的裂缝吞没,此去阴阳两隔,断无生还。

尽管缓慢,然而他们冒着危险取得了一些进展,最后他们到达了雪线以下,但在这儿遇到了新的困难,那就是崎岖不平的山路上峻峭突兀的岩石。后来他们来到一个地方,在那里,他们前进的道路几乎被一块巨大的岩石完全切断，为了让大军通过，似乎必须挪开岩石以拓宽路面。罗马史学家说，汉尼拔先用火烧，再用醋浇，促其开裂，后用撬棍和楔子将其分解成小块。一读到这样的描述，大脑自然会停下来思考它的可信度有多大。因为那时没有火药，他们被迫借助于这种上文刚刚提过的方法去处理岩石。有些种类的石头在火的作用下容易开裂破碎，而其他种类的石头却非常耐火。然而似乎并无明确的理由，为何醋能极大地促进这一行动。此外，我们难以想象，汉尼拔在这样的时间和地点，手头会有大量的食醋。总的来说，即便真的有这样的行动，规模也是非常小，结果也一定非常无足轻重，尽管这一事件从此被历史大肆传颂。

穿过雪地，走下下方紧邻的岩石，队伍，尤其是与之形影不离，休戚与共的动物们，都已饥肠辘辘，但很难为他们找到任何种类的粮草。最后，他们继续下山，先来到了一片林区，很快又到达向下斜插入温暖肥沃的山谷的高山草甸。在这里，动物们停下脚步休息，进食，恢复体力；人们则兴高采烈，欢呼雀跃，庆祝辛苦和危险终于过去。轻松地走完余下的山路，他们最后在意大利平原上安全地安营扎寨。

汉尼拔攻入意大利北部

精彩看点

军队的惨状——军队的巨大损失——士兵们的感想——西庇阿的计划——两军已近在咫尺——汉尼拔和西庇阿的感想——西庇阿对罗马军队的演说——汉尼拔用独特的方式引出自己的演说——好奇的格斗——对军队的影响——汉尼拔对其军队的演说——他的鼓励——汉尼拔的承诺——他的真情实感——汉尼拔的精力和果断——他坚定不移的决心——汉尼拔毫不动摇的勇气——西庇阿的运动——西庇阿在波河上建的桥——罗马大军过河——汉尼拔的军事行动——他集合队伍——汉尼拔对士兵们讲话——他承诺给他们土地——认可一个诺言——预兆——战斗——罗马人陷入混乱局面——西庇阿受伤——罗马人被赶回波河对面——罗马人毁掉提希纳斯河上的桥

第六章　汉尼拔攻入意大利北部

汉尼拔的军队发现他们站在意大利平原上，坐下来静静地休息，和他们事实上还在山上时自然而然感受到的兴奋相比，他们更能深切地体会到疲劳和风餐露宿带来的影响。事实上，他们的状况非常悲惨。汉尼拔曾经告诉一个他后来俘虏的罗马军官，有三万多人死在翻越雪山的路上：有的死于隘口的战斗中；还有一大部分或冻死，或饿死，或摔死在岩石和冰川中，或因缺医少药而病死。幸存下来到达平原的队伍衣衫褴褛，形容枯槁，体弱多病，精神不振，他们更有可能躺下毙命，而不是继续前进，与罗马交战。

然而，几天后，他们开始恢复健康。尽管在山里他们总是食不果腹，现在却有了大量健康营养的食物。他们修补破烂的衣服和损坏的武器，谈论他们一直在经历的那些不同寻常的场面，还有他们战胜的危险，这样，逐渐加深了他们对自己建立的伟大功勋的印象，不久，他们便开始相互唤醒了心中的抱负，要继续前进，完成其他勇敢而光荣的使命。

西庇阿和他的军队离开罗纳河口，他打算和一部分军队乘船回意大利,其余的则被派往西班牙。西庇阿沿热那亚海岸航行,之后到了比萨,他在那里登陆并停留了一会儿,以便士兵们在航程之后恢复体力,同时传令当时在意大利北方的所有罗马军队听他指挥。他希望用这种方式集合起一支足以对抗汉尼拔的雄师。安排完这些之后,他以最快的速度向北进军。他知道汉尼拔的军队从阿尔卑斯山脉下来会是一种怎样的状态,并希望在他们有时间从匮乏与苦难的影响中恢复过来之前攻打他们。他到了波河也没见到汉尼拔的人影。

同时,汉尼拔也没闲着。他的人一能动弹,他就对在山脚下发现的部落采取了行动:顺者昌,逆者亡,有的交好,有的攻打。就这样,他打败了那些试图阻止他的人,慢慢地,

古代的热那亚及其海岸

第六章 汉尼拔攻入意大利北部

一路南下,到达波河。那条河支流众多,其中一条名为提希纳斯河,正是在这条河的岸上,两军最终对垒。

两位将军一定多多少少对即将打响的战役的结果心怀牵挂。西庇阿对汉尼拔作为一名武士的惊人实力心如明镜。他自己本人就是一名杰出的将军,又是一名罗马人,所以汉尼拔没有理由期望轻松获胜。

然而,无论主将在交战的前夜心存怎样的疑虑与担忧,通常被认为有必要向手下人完全隐瞒,要让他们对胜利有绝对的信心,以此来激励将士们。

因此,汉尼拔和西庇阿,都对各自的军队做了战前动员演说——至少当时的史学家是这样说的——双方都向手下表达了对方必败的信念。西庇阿的演讲大致如下:

> 战士们,在战斗之前,我想对你们说几句话。或许这几乎没有必要。这肯定没有必要,如果我现在指挥着我带往罗纳河口的同样的军队。他们在那里了解了迦太基人,在这里也不会害怕他们。我们的一队骑兵,遭遇并袭击了他们的一队人马,并以少胜多打败了他们。然后,为了和他们交战,我们全力以赴向他们的营地进军,而他们,在我们到达之前就放弃阵地,主动撤离,通过他们的逃跑,他们承认了自己的恐惧和我们的优势。如果你们当时和我们同在那里,目击了这些事实,

我现在就没有必要说服你们，使你们相信，要打败这些来自迦太基的敌人，是多么容易。

我们以前就和这个国家打过仗。那一次，我们在陆上和海上都打败了他们。后来，当和平达成，我们要求他们向我们进贡，他们连续进贡了二十年。他们是战败国。现在，这支悲惨的军队，疯狂地强行翻越了阿尔卑斯山脉，就等着自投罗网，落入我们手中。他们遭遇我们的时候，人数锐减，物资匮乏，筋疲力尽。他们的大半人马死在山上，活下来的也衣衫褴褛，形容枯槁，体弱多病，精神不振。然而，他们被迫与我们相遇。如果有任何撤离的机会，或任何可能避免战斗的途径，他们绝不会放过。但是没有。他们被雪山包围，现在，它对于他们来说，就是不可穿越的铜墙铁壁，因为他们没有力气再攀登一次。他们不是真正的敌人，而只是幸存者和敌人的影子。他们完全丧失了信心。他们的精力和体力，在忍饥受冻中，在经受的苦难中，早已用完耗尽。他们关节麻木，肌肉僵硬，形销骨立。他们盔甲破裂，马匹跛脚，所有装备磨损毁坏，以至我真正最担心的是，世界将拒绝给予我们胜利的荣光，并说是阿尔卑斯山脉打败了汉尼拔，而不是罗马军队。

虽然我们以逸待劳，获胜易如反掌，然而，

第六章 汉尼拔攻入意大利北部

我们必须记住：战斗中会有大量的东西处于生死存亡的关头，而不光是我们将要夺取的荣光。如果汉尼拔胜利了，他会向罗马进军，我们的妻儿以及珍视的一切，都会任他处置。上战场前记住这一点：罗马的命运就看战斗的结果了。

汉尼拔也在战前做了动员演讲。然而，他设法吸引注意，听他演讲的方式体现了他的别出心裁，足智多谋。他用下面的方式来吸引注意，并把它作为自己演讲的开场白。他让士兵们围成一个圆圈，好像要观看表演。然后将在阿尔卑斯山脉中抓获的俘虏带进圈中——或许他们就是如前所述，送给汉尼拔的那些人质。然而，不管他们是谁，是人质还是在隘口战斗中抓获的俘虏，汉尼拔把他们随队伍带下山，来到意大利，现在，又把他们带进由士兵们围成的圆圈里，将一些他们在山中老家用惯的武器丢在他们面前，并问他们是否愿意拿起武器相互搏斗，条件是，每个杀了对手的人将重获自由，并得到一匹马和一套盔甲，以便他能荣归故里。野蛮的"怪物"们欣然同意，如狼似虎地抓起武器。共有两三对斗士参与搏斗，每对有一个被杀，另一个则依照汉尼拔的承诺获得自由。搏斗引起了围观士兵极大的兴趣，也唤醒了他们极大的热情。当搏斗产生了奇效之后，其余的囚犯被送走，汉尼拔对聚成环状的士兵们发表了下面的讲话：

战士们,通过刚刚你们观看的搏斗,我不仅是想给你们解闷,而且要让你们明白自己的处境。你们现在已经被堵在死胡同里:左右是两个大海,你们船无一只;前有波河,后有阿尔卑斯山脉,你们是在精力充沛的时候,费尽九牛二虎之力才翻越它们的,而现在,它们却成了你们无法逾越的高墙。因此,你们像囚犯一样,从四面八方被团团包围,除了战斗,获胜,没有生还和自由的希望。

然而,获胜犹如小菜一碟,并非难事。我明白,在你们中间,无论我看向哪里,你们的决心和勇气会让你们成为征服者。你们将要与之交战的军队,都是些新兵蛋子,对军纪一无所知,从未成功地面对过像你们这样久经沙场的老将们。你们相互熟识,对我也不陌生。事实上,在我带兵之前,多年以来我只是个跟随你们学习的小学生。而西庇阿的军队,彼此之间非常陌生,对他也不太了解,所以根本没有共同的情感纽带;至于西庇阿本人,他被委任为罗马统帅也仅仅六个月。

再想想看,多么锦绣的前程摆在你们面前。它会带你们去罗马,它会让你们成为世界上最富强的城市的主人。迄今为止,你们战斗只为了荣耀和领土,而今,有更重要的东西回报你们的成功。如果我们打败了敌人，你们就能分到大量的珠宝，但如果我们被打败，我们就输了。像这样被团团围住，无路可逃。因此，我们没有逃跑的选择，只能背水一战，置之死地而后生。我们必胜。

汉尼拔几乎不可能像他给士兵们做的长篇大论的动员演说中那样自信满满，他一定有所顾虑。事实上，在人类从事的所有事业中，成功的条件，以及建立在这些条件之上的希望常常会不断变化，时强时弱，导致他们对结果的信心也会潮涨潮落，以至对成功和胜利的美好期待和失望沮丧的情绪会在他们心里交替出现。不管是精力充沛，果断决绝的人，还是胆小怕事，没有主见的人，都曾经历过这种情绪的波动。但前者决不会让这些情绪影响他们的行动。他们在采取行动之前会充分考虑期待成功的大量理由，然后义无反顾地勇往直前，风雨无阻，直达终点。而那些犹豫不决的无能之辈，目光短浅，没有远见，只看重眼前的利益和希望。他们的最终目标必须时时可见，若有一刻看不到希望，他们就会丧失动机，不思进取，直到形势改变，希望再次出现。

汉尼拔就是这样一个精力充沛，果断决绝，深谋远虑的人。他考虑是否与罗马为敌的时间，是在他的军队行进到埃布罗斯河时，过河之前，他的决心达到顶点。埃布罗斯河就是他的卢比肯河①，一旦跨越，开弓没有回头箭，他只能破釜沉舟，勇往直前。给他的希望泼冷水的困难会时常出现，但似乎只会给他注入新的活力，唤起新的依然坚定的决心。在比利牛斯山脉是如此，在罗纳河是如此，在阿尔卑斯山脉是如此，它的艰险可以让几乎所有其他的指挥官望而却步，知难而退；现在，当他发现自己被意大利北方严峻的天然屏障四面封锁，而他又无力再次翻越它们，还有罗马的可任意驱使的百万雄师，也在一名执政官的统领下，雄踞面前时，他依然如此。刻不容缓的危险使得他不能犹豫，显然他也毫不畏惧。

然而两军还未谋面，其实他们分踞波河两岸。罗马指挥官决定渡河继续搜寻还远在几英里之外的汉尼拔。考虑了各种过河方式之后，他最后决定建一座桥。

如果河水太深不能涉水而过的时候，军队指挥官通常会在挡住去路的河流上架起某种形式的桥梁，除非此河的确波宽浪急，使建桥困难重重，不切实际。在后一种情况下，他们会坐船和筏子过河，或游过河。尽管波河那时算不上大河，却很深，无法涉水过去，因此西庇阿在波河上建了一座桥。

士兵们砍伐沿岸森林中的树木，剪掉树冠和枝条，把树干滚到河里，与其他树干并排摆放，上面横向铺开并捆

---

① 作者的言外之意是，汉尼拔就像后来的恺撒一样，因为罗马内战期间，恺撒率领大军强渡卢比肯河，也只能一往无前，没有退路。——译者注

扎结实，这样就制成了筏子；再把筏子跨河摆成一排，两两相连，两边再与河岸固定，于是桥的基础就这样完成了；再在上面铺上其他材料，使桥面坦荡如砥，便于行走。军队从桥上过了河，然后一支小分队驻扎在两端，以保卫浮桥。

像这样的一座桥，可解决一时之需。在静水中，比如在波澜不惊的狭长湖面或缓慢的溪流上，有时会建这样的浮桥长久使用。然而，这种桥不能建在波宽浪急，易发洪水的河道上。在这种情况下，仅是河水本身的压力就会危及所有的固定装置，当有漂木或浮冰顺流而下，不能从桥下穿过时，就会在桥上越积越多，很快会以势不可挡的威力顶住浮桥，最终迫使其断裂，然后所有的堆积物——浮桥、漂木和浮冰，以万夫莫当的气势，一起被冲往下游。

然而，西庇阿的桥完全达到了他的目的：他的军队安全过河。

当汉尼拔听说了此事，他知道战斗一触即发。他本人当时还在五英里之外。当西庇阿忙于建桥的时候，汉尼拔和他从雪山上下来的一贯做法一样，正忙着镇压波河以北的那些小国和部落。他们有的乐意加入他的阵营听他指挥，有的则与罗马结盟并坚持忠于罗马。对于前者，他签订盟约，伸出援手；对于后者，他则派出军队，恐吓打压。但当他了解到西庇阿过了河，就命令所有军队立即回营，开始积极准备迫在眉睫的战斗。

他将士兵们集合起来，最后对他们宣布，战斗已如箭在弦。他重申了以前及后来讲过的那些鼓励的话，现在，他又承诺士兵们打了胜仗就以土地作为回报。

"我会给你们每人一个农场，"他说道，"是在非洲、意大利还是在西班牙，地方随你们挑。如果你们想要等值的钱财，而不是土地，那也没问题，你们会得到想要的那种财富。然后你们就能像战前那样，在那些落后者嫉妒的目光注视下，回家和亲友团圆。如果你们中有人想住在迦太基，我会让你成为自由民，这样你就能自由而光荣地住在那里。"

但是，怎样才能保证这些诺言被真正实现？在现代社会，通过契约、罚金或者财产抵押来保证，也就是说，将财产的所有权寄存在责任人手中。而在古代，人们的做法有别于现代。许诺人通过某种正式而庄严的祈求来约束自己，在重要的场合，伴之以特定的仪式，人们误以为这样就能证明并确保假定的义务的有效性。在本例中，汉尼拔将一只羊带到集合的队伍面前。当着士兵们的面，他左手举羊，右手握着一块巨石，然后向神灵求告，如果他不能真正地、完全地实现他曾经做出的承诺，就请他们在他要杀死那只羊的时候杀了他。然后他用那块石头猛击那只可怜的羊，羊倒毙在他的脚下，从此，在士兵们的眼里，汉尼拔就被一种，实际上，非常庄严的义务约束，诚实守信地去实现他的诺言。

这些承诺极大地鼓舞了士气，战士们迫不及待地想要

第六章 汉尼拔攻入意大利北部

战争快快开始。似乎罗马士兵有着截然不同的心境。发生了一些事情,被罗马士兵们看作凶兆,他们因此心情沮丧,没精打采。令人感到震惊的是,人们竟然总是让这样完全偶然的事件影响自己的情绪,比如下面这些事。其中一件事是这样的:一只狼从附近的一片森林来到他们的营地,伤了几个人之后又逃走了。另一件事更不值一提:一群蜜蜂飞进营地,恰好落在西庇阿帐篷顶上的一棵树上。因为这样或那样的原因,这被看成是一种预兆,预示着他们即将大祸临头,相应地,他们感到胆怯、气馁。所以,他们焦虑不安,无可奈何地等待着战斗,而汉尼拔的军队却兴高采烈,满怀期待地盼望着战斗。

最后,战斗非常突然地开始了,双方都没想到,会在这样的时候打响。双方派出的大规模的先遣队朝着对方的方向前进,在提希纳斯河附近,为了侦察,双方相遇,战斗就此打响。

汉尼拔快马加鞭地前进,同时派出另一支先遣队绕到敌后攻击敌人。罗马人很快就陷入混乱的局面:骑兵和步兵纠缠在一起,人被马踏,马被人惊;混乱中,西庇阿受伤。一名执政官是非常被看重的显要人物。事实上,他有点类似于国王。军官们和所有士兵,一听说执政官受伤了,都害怕极了,灰心气馁。罗马人被迫开始撤退。

西庇阿有个二十岁的小儿子,与父亲同名,父亲受伤时他就在身边,他保护着父亲,在一队骑兵的簇拥下,慢慢离开了战场，有的人断后，因为迦太基人奋力追击他们。通过这种方式他们到达了营地，在这里过夜。他们加强了营地的防御，夜幕降临的时候，汉尼拔认为，继续前进攻打他们的老巢是不明智的，他要等到天亮。然而，西庇阿认为，自己受伤，军队受挫，对他来说等到天亮才是不明智的。

夜半时分，西庇阿带领军队撤退，他让篝火继续燃着，尽一切可能不让迦太基人发现他撤离的任何迹象。队伍悄无声息地向前移动，最后他们到达波河，他们通过自己建的桥回到了对岸，然后砍断了筏子之间的固定装置，整座浮桥立刻解体。建桥的材料现在成了一堆废墟，顺流而下，我们可以想象，它们从提希纳斯河漂进了波河，从那里，顺着波河又漂进了亚得里亚海，在汪洋大海中随波逐流，直到最后，一个接一个地，被巨浪冲上了沙滩。

第七章

亚平宁山脉

精彩看点

汉尼拔追击罗马军队——他抓了几百个俘虏——一些高卢人从罗马叛逃——汉尼拔渡过波河——罗马人士气低落——赛姆普若尼乌斯被召回意大利——西庇阿的伤痛——赛姆普若尼乌斯与西庇阿会合——罗马指挥官意见分歧——小规模战斗——赛姆普若尼乌斯渴望战斗——汉尼拔的计谋——汉尼拔的具体计划——伏击——精挑细选的两千人——汉尼拔的选人方式——攻打罗马人营地——汉尼拔的计谋得逞——赛姆普若尼乌斯过河——汉尼拔的猛攻——罗马军队的状况——可怕的冲突——罗马人彻底被打败——战斗后的景象——汉尼拔的各种战斗——食物短缺——阿诺山谷——翻越亚平宁山脉——强大的暴风雪——大象的死亡——汉尼拔的不安——他翻越亚平宁山脉——危险的行军——汉尼拔的疾病

第七章 亚平宁山脉

那天早上,当汉尼拔一得知西庇阿和他的军队离开了营地,他就奋起直追,心急火燎地想在他们到达波河之前追上他们。但为时已晚,罗马的主力部队已经过河。然而,有一支几百人的小分队,留在汉尼拔这边保卫浮桥,直到所有军队都顺利通过,然后帮忙切断浮桥。汉尼拔到达之前,他们完成了任务,自己却没有时间过河,全被汉尼拔俘虏了。

这一战以及西庇阿撤回波河对岸,完全改变了迦太基人和罗马人的现况和前景。意大利北方以前臣服于罗马或者与其结盟的所有国家,现在都投向了汉尼拔,他们派使者到他的营地,向他示好并与他结盟。事实上,罗马军营中有一大批高卢人,在西庇阿的率领下参加了提希纳斯河战役,后来立马反水,集体投靠了汉尼拔。他们夜里叛乱,没有悄悄地离开,而是引起了巨大的骚乱,杀了卫兵,喊杀声充斥了整个营地,一时间制造了可怕的场面。

虽然汉尼拔接纳了他们,但他太英明而不能接受这样一群背信弃义的家伙进入自己的队伍。他和蔼可亲,关怀备至地招待了他们，然后赠予厚礼，遣送他们回家，命他们在各自的部族内施加影响以支持自己。

汉尼拔的士兵们也因为首战告捷而士气高涨，他们立刻准备渡河。有的制作筏子，有的到波河上游寻找可以泅渡的地点，有的则直接游过了河。他们可以安全地利用这些或任何其他方式，因为罗马人并没有守卫在河对岸阻挠他们，而是以最快速度急行军，以便把西庇阿送到安全的地方去。西庇阿的伤开始发炎，使他痛苦异常。

事实上，罗马人对于现在面临的危险感到极其沮丧，有关战况的消息一传到罗马城里，罗马元老院立刻送信到西西里岛，召回了另一名执政官赛姆普若尼乌斯。大家还记得，他和西庇阿曾经抽签决定西庇阿到西班牙，去阻止

罗马元老院的辩论

汉尼拔的进军,而赛姆普若尼乌斯去西西里和非洲,其目的在于威胁并攻打迦太基本土,以此分散他们的注意,并阻止他们向汉尼拔补充兵源,或许还能迫使他们把汉尼拔从意大利召回,以保卫自己的首都。但现在汉尼拔不仅翻过了阿尔卑斯山脉,而且渡过了波河,正向罗马进军——西庇阿自己身受重伤,他的队伍当面叛逃——他们不得不立刻放弃进攻迦太基的计划。他们多次给赛姆普若尼乌斯送信,命他火速班师回朝,协助保卫罗马。

赛姆普若尼乌斯是一个反应敏捷、性格冲动的人,对自己的实力信心十足,时刻准备行动。他马上返回意大利,招募新兵,率军北上,在波谷与西庇阿会合。西庇阿伤重疼痛,几乎不能带兵打仗,他逐渐从汉尼拔面前撤退,鞍马劳顿加重了他的疼痛和高烧,在这种情形下,他到达了特雷比亚河,一条向北流入波河的小河流。他过河后才发现自己不能再前进一步,由于路途颠簸,他的伤势令他苦不堪言。他命大军就地扎营,修筑工事,准备防御。不久,赛姆普若尼乌斯赶来与他会合,真让他长舒了一口气。

现在有了两名将军。拿破仑过去常说,一名平庸的指挥官强过两名优秀的指挥官,所以,所有的军事行动要想成功,就必须保证迅速,自信,果断的行动都由一人指挥。关于下一步采取什么样的行动,赛姆普若尼乌斯和西庇阿意见不合。赛姆普若尼乌斯主张立刻攻打汉尼拔,而西庇阿则支持将战斗推后。赛姆普若尼乌斯将西庇阿的消极抵抗归因于伤痛造成的情绪低落，或者对他的嫉妒，唯恐他——赛姆普若尼乌斯，大败迦太基人后荣耀加身，春风得意，而他——西庇阿，只能无助地躺在帐篷里。而西庇阿认为赛姆普若尼乌斯轻率鲁莽，总是在对敌情不甚了解的情况下，冒冒失失地冲进敌阵。

与此同时，当两名指挥官产生分歧的时候，双方的先遣队却摩擦不断，冲突纷起。在这些小规模的战斗中，赛姆普若尼乌斯认为罗马军队占了上风，这越来越刺激了他的热情，他极度渴望全面开战，开始对西庇阿的谨小慎微和磨叽拖拉感到极不耐烦。他说，士兵们充满了力量和勇气，都渴望战斗，因为一个病人的虚弱而让他们裹足不前真是很可笑的事。"除此之外，"他说道，"这样拖下去何益之有？和以前一样，我们现在已经做好了迎战迦太基人的准备，没有第三个行政官来帮我们。我们罗马人在以往的战争中，曾经率领军队打到了迦太基的城门口，现在汉尼拔控制了整个意大利北方，而我们却一再从他面前撤退，害怕面对我们过去的手下败将，实在是太丢人了！"

汉尼拔通过派出的间谍，很快了解到罗马两位大帅意见不合，还有赛姆普若尼乌斯充满了自以为是的狂热，他就开始考虑一个伟大的计划，假装自己处于劣势，以此为诱饵，引赛姆普若尼乌斯出来战斗。他的确制定了这样的一个计划，取得的成功令人赞叹。汉尼拔一生都神机妙算，足智多谋，这一次也只不过是他众多锦囊妙计中的一个，但这却让罗马人说他主要的性格特征就是背信弃义，奸诈狡猾。

汉尼拔的计划，用一句话来概括，就是在十二月的一个昏天黑地，寒气逼人，凄风苦雨的冬夜，将罗马军队引出营地，让他们下河。也就是向北流入波河的特雷比亚河，横在两军营地之间。他的具体计划是派一部分军队在夜里或者凌晨过河佯攻罗马人。他希望通过这种方式把赛姆普

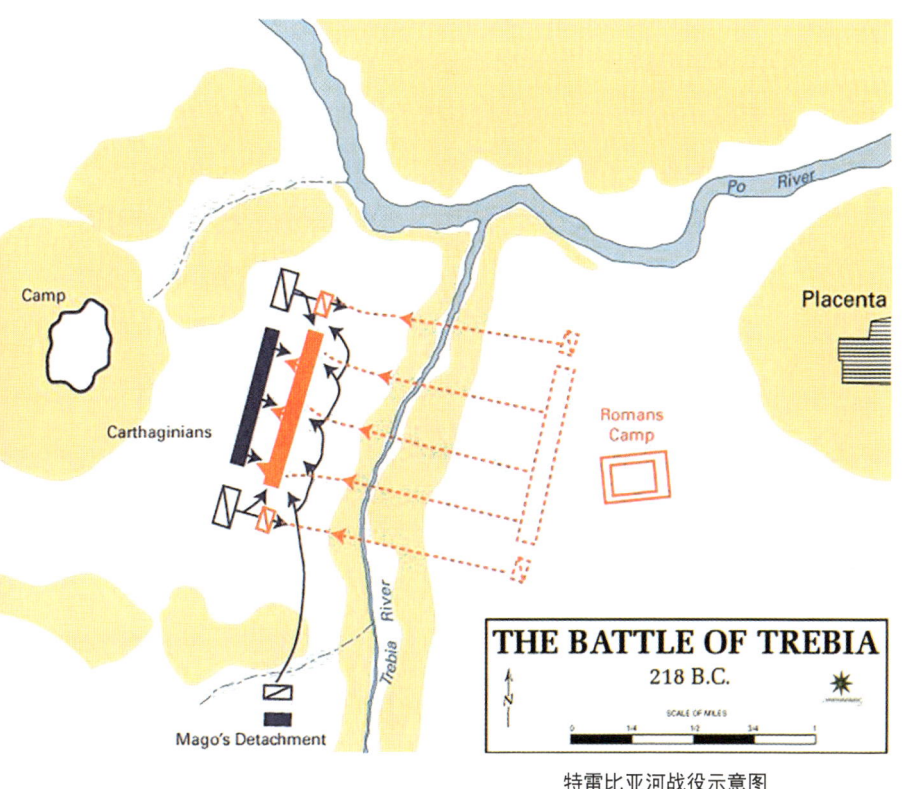

特雷比亚河战役示意图

若尼乌斯引出营地攻打迦太基人,然后迦太基人假装过河逃跑。汉尼拔盼着赛姆普若尼乌斯在狂热追击的刺激下能够跟上来,然后他那一直待在温暖安全的营帐中的千军万马,就会杀出营帐,精神饱满地攻打罗马人,而罗马人却因为寒冷潮湿,结果身体变得僵硬麻木,还因慌忙过河而乱了阵脚。

汉尼拔在河边的草地上埋伏了一部分人马,那里长满了高草和灌木。汉尼拔查看之后,发现那儿的灌木丛高到足以隐藏骑兵。他决定在那里埋伏最骁勇善战的一千名骑兵和一千名步兵。他通过以下方式挑选这两千人马:

他把一名将军叫到那里,告诉他自己的大致计划,然后请他回去从骑兵和步兵中各选一百名他能找到的最好的战士,等这二百名士兵集合完毕,汉尼拔面露喜色,赞赏地打量着他们,说道:"没错,你们就是我想要的人,只是我需要的不是二百,而是两千。你们回到部队,每人给我挑选九名和你们一样优秀的士兵,带来见我。"不难想象,士兵们很乐意接受这项使命,并忠诚地执行了。如此选出的整支部队很快集结完毕,驻扎在刚才提过的灌木丛中。他们埋伏在那里,准备等罗马人过河后再攻打他们。

汉尼拔还在自己的大本营安排了大量的军队,命令他们吃好喝好休息好,烤火取暖,只等一声令下就准备战斗。一切安排就绪,他派出一队骑兵过河,看他们能否将罗马人引出营地并追击他们。

第七章 亚平宁山脉

"去吧，"汉尼拔对这支骑兵的指挥官说道，"过河向罗马人的军营前进，袭击他们的卫兵，当军队出来攻打你们的时候，在他们前面，且战且退，撤回河这边来。"

小分队依令前进，到达罗马人的军营时天刚破晓——因为这也是汉尼拔计划的一部分，要把他们在吃早餐前引出军营——赛姆普若尼乌斯一听到警报，以为迦太基的所有军队都来攻打他们，遂下令全体士兵拿起武器。那是一个寒风刺骨的清晨，雨雪交加，伸手不见五指。一队队骑兵和步兵冲出了营帐，迦太基人撤退。看到偷袭者这么轻而易举地被打败，赛姆普若尼乌斯乐不可支，他们撤退，他就奋起直追。不出汉尼拔所料，他在追击的过程中变得如此兴奋，以至到了河边都没停下来。迦太基的骑兵在撤退时纵身跳进了河里，罗马人的骑兵和步兵一起紧追不舍。河里通常水流很小，但现在因为整夜下雨而涨了起来，当然河水也冰冷刺骨，骑兵过河尚可忍受，但步兵全身湿透，手脚麻木，加之当天早上水米未进，主帅一声令下，全体出击，毫无准备，深刻体会到挨冻的滋味，但他们仍然奋力前进，过河上岸重新整队，继续追击逃跑的敌人。突然之间，汉尼拔那兵强马壮的雄师从帐篷里，从火堆旁，如狼似虎地冲向他们。他们还没来得及从突袭的震惊中回过神来，埋伏在灌木丛中的那两千人又风驰电掣般地杀将过来，喊声震天，袭击了罗马人的后翼。

所有这一切，发生得很突然。从罗马军队上至军官下至士兵在军营里酣睡，或慢慢起床为一天的例行程序做准备，到发现自己被引入离营几英里远的战场被敌人团团包围，也就一眨眼的工夫。这些事情以迅雷不及掩耳之势相继发生，让士兵们觉得就像是做了一场梦。但很快，他们那湿冷结冰的衣服，麻木僵硬的四肢，雨雪交加的平原，迦太基的一排排步兵，从四面八方将他们围在垓心，一队队骑兵和大象冲向他们，让他们相信，这不是梦魇，而是可怕的现实。威胁他们的灾难，程度极为严重，迫在眉睫又让人心惊肉跳，因为尽管汉尼拔的妙计在计划和安排中显得非常简单，但他却以宏大的规模来实施，全军都投入了战斗。据说有四万罗马人过了河，与他们对抗的迦太基人数量相当。这样一大群战士，自然会遮盖相当大的一片土地，接踵而来的战斗是汉尼拔参与的诸多最为可怕的战斗之一。

战斗持续了好几个小时，罗马人从始至终越来越慌乱，迦太基人的大象，也就是现在仅存的那几只，在罗马人的队伍中引起了极大的骚乱，致使他们伤亡惨重。几个小时的激战之后，整支军队支离破碎，四散逃窜，有的队伍由于军官指挥得力，手下团结一致，所以整齐紧凑，其他队伍则陷入不可救药的，无法摆脱的混乱局面。他们艰难地向特雷比亚河撤退，沿河上下到达不同的地点。与此同时，持续的大雨使河水不断上涨，低地被淹没，深坑和沟壑隐藏在混浊的洪水中，拓宽的河面上，浑浊而沸腾的旋涡在河心翻滚着，十二月的朔风使河面波光粼粼，不断降落的

第七章 亚平宁山脉

雨滴使河面泛起点点水花，好一个风吹河面层层浪，雨打河面点点坑。

当罗马军队完全被打得七零八落的时候，迦太基人也放弃了继续战斗，他们浑身又湿又冷，筋疲力尽，再没有热情去追击残敌。然而，成群结队的罗马人试图再次过河，却被无情的洪水卷走吞噬，他们已无力抗拒它的力量。其他队伍则在撤退的途中潜藏起来，直到夜幕降临，再制作筏子设法漂回河对岸。汉尼拔的军队又湿又冷，筋疲力尽，再没有力气走进风雨，因此，他们对罗马人的这些行为熟视无睹，听之任之。然而，即便如此，还是有数量惊人的罗马人被河水冲走，丢了性命。

现在是十二月，对汉尼拔来说，在这个季节继续前进有些太迟，然而，打败了赛姆普若尼乌斯之后，通往亚平宁山脉的路就敞开在他面前，因为不管是赛姆普若尼乌斯还是西庇阿现在都无力再次抵抗他，除非他们从罗马得到新的援助。汉尼拔在冬季打了很多小仗，冒了很多次险，时而和罗马的小股部队或先遣队，时而和当地的部族。有时，他很难为队伍找到食物，直到后来他贿赂了一个城堡的总督，对方把罗马人建在那里的一个粮仓交给了他，从那以后他就再不用为给养发愁了。

然而，当地的老百姓并不全都买他的账，他们试图在冬季阻挠他的行动，尽其所能通过各种方式对他的军队进行袭扰。眼见形势不利于自己，汉尼拔就向南推进，最终决定哪怕冬季气候条件再恶劣,他也要翻越亚平宁山脉。

通过查看意大利地图,我们会发现,广袤的波谷横跨整个意大利北方,而阿诺和茵宝山谷位于南方,亚平宁山脉的一部分将它们南北分开。这个南方的山谷就是古时的伊特鲁里亚王国。汉尼拔决定翻越亚平宁山脉进入伊特鲁里亚,他希望那里气候更温和,人民更敬爱他,此外离罗马也更近了。

但是,尽管汉尼拔攻克了阿尔卑斯山脉,亚平宁山脉却"攻克"了他。就在他到达山中最暴露的地方时,一场猛烈的暴风雪从天而降,寒气逼人。凛冽的风裹挟着冰雹和大雪,劈头盖脸地打在士兵们脸上,以至根本无法继续前进,他们停下脚步背对着暴风雪,但风却越刮越猛,伴随着骇人的雷电,这让士兵们惊慌失措,因为他们位于这样的一个纬度,以至被包裹在云层里,而隆隆的雷声和耀眼的电光正是从这些厚厚的云层里发出的。汉尼拔不愿撤退,就命令队伍就地宿营,尽量找到最好的躲避之地。因此,他们试着搭建帐篷,但是根本固定不了,因为暴风变成了飓风,无法控制帐篷的撑竿,帆布也被从固定处刮走,由于在风中不停地抖动,有时被撕成两半,有时被扯成碎片。所有从先前的战斗中和刺骨的寒冷中幸存下来的那些可怜的大象,仅剩下一头,其余的全都在这样的数九寒天中倒地而亡。

汉尼拔不得不下令撤退,队伍回到了波谷。但汉尼拔在这里感到惴惴不安,当地的居民对他的出现非常厌烦,他的队伍吃他们的食物,蹂躏他们的家园,毁了他们的平静和快乐。汉尼拔怀疑他们给他下毒,或用别的方式行刺他。他对这些企图持续地密切关注,并严加防范。他有大量的服装用于伪装,还有不同颜色和款式的假发,这样他就能随意地改变自己的外貌,从而防止间谍或刺客混入营帐,通过别人对他服饰和外貌的描述而认出他来。但是,就算有了这些防范措施,他依然心神不宁。就在他认为翻越亚平宁山脉切实可行的早春时节,他做出了新的尝试,这一次他成功了。

在从亚平宁山脉南坡下山的时候,他了解到一支罗马新军,在一位新执政官的率领下,正从南面向他进军。他急于与这支军队会战,准备立刻抄近路急行军。然而,他发现这会导致他穿过阿诺山谷的低地。这片土地一望无垠,通常是可以穿过的,但现在,因为雪山融水,河面上涨而被淹没,整个田野,现在事实上成了水乡泽国。

汉尼拔依然决定穿过,这一次,他让军队遭遇了几乎和阿尔卑斯山脉一样巨大的艰险。河面不断上升,江河横溢,漫过无边无际的平原。河水浑浊,水面下的一切都被掩藏起来,涉水的士兵们不断陷入深不可测、意想不到的河沟和泥淖里,许多人都没了命。长时间暴露在户外潮湿阴冷的环境中,他们都已筋疲力尽。在这样的环境中待了四天三夜,当然是由于他们的前进速度极其缓慢。从始至终，士兵们几乎没有合眼，在有些地方，他们唯一能够休息的方式就是将武器和行李放在静止的水中，造出某种长榻或平台，以便他们能躺在上面。汉尼拔自己也生病了，他的眼睛严重发炎，最终一只眼睛的视力完全丧失。然而，汉尼拔不像其他军官们那样完全暴露在湿冷的环境中，因为从西班牙出发的那群大象还剩下一头，他就骑着这仅存的一头象，完成了四天的涉水行军。为了找到切实可行的安全路线，向导和随从走在他前面，在他们的帮助下，以及大象精确的判断下，他终于安全地穿过了这片茫茫泽国。

第八章

独裁者费比乌斯

精彩看点

罗马人忧心忡忡——执政官弗拉米尼乌斯——又一条妙计——弗拉米尼乌斯的信心——罗马人彻底溃败——战役的影响——罗马人惊慌失措——他们那迷信的担忧——预兆和凶兆——令人称奇的变化——它们的影响——这些故事的重要性——罗马人紧张激动——战报——聚集的人群——败兵回城——任命独裁者——费比乌斯——费比乌斯的措施——宗教仪式——米努西乌斯——独裁者的最高权力——费比乌斯的公告——汉尼拔的进展——费比乌斯的政策——他高挂免战牌——汉尼拔身临险境——火牛计——费比乌斯不得人心——汉尼拔的睿智——密谋反对费比乌斯——他回到罗马——米努西乌斯冒险战斗——费比乌斯的发言——费比乌斯回到部队——他被剥夺了最高权力——分权而治——汉尼拔设伏——汉尼拔的成功——费比乌斯出手相救——米努西乌斯的讲话——罗马军队团结统一——费比乌斯的性格——他的正直

第八章 独裁者费比乌斯

正当汉尼拔日行千里,朝着罗马城门进军的同时,城里的人们却变得越来越不安,直到最后,普遍的恐惧在社会各个阶层蔓延开来。市民和士兵们有着相同的担忧,他们组建了一支新军,由一名新的执政官——弗拉米尼乌斯统帅,因为其他的执政官任期已满。在弗拉米尼乌斯率军北上的同时,汉尼拔正带领他的军队步履维艰地穿过阿诺山谷的草地和沼泽。

先前的罗马军队失败了,然而,这支新军也并不成功。汉尼拔设法用计诱使弗拉米尼乌斯落入圈套,正如他以前对付赛姆普若尼乌斯的计谋一样,即诱敌深入。在伊特鲁里亚东部,靠近亚平宁山脉的地方,有一个叫特拉西梅诺的湖泊,它离山根如此之近,以至在湖和山之间只留下一条狭窄的通道,比一条路宽不了多少。汉尼拔设计在山脚下埋伏一队人马,其他人则占领上面的山坡,然后通过这样或那样的方式引诱弗拉米尼乌斯率军穿过这个隘口。和赛姆普若尼乌斯一样,弗拉米尼乌斯性子急,自信过了头,难免有些自负。他对汉尼拔的能力不屑一顾，认为汉尼拔的成功迄今为止是由于他前任的无能和优柔寡断。至于他本人，唯一的渴望就是要打遭遇战，因为他相信胜利唾手可得。因此，当他了解到汉尼拔就把大营扎在隘口那一边时，就胆大妄为地前进，完全不顾特拉西梅诺隘口可能会有危险。

汉尼拔公然在隘口那一边的高地上安营扎寨，当弗拉米尼乌斯和他的军队来到隘口最窄的地方，远远地就看到汉尼拔的大营就在前面，介于大营和隘口之间的是一片广袤的平原。他们以为所有的敌人都在那里，却做梦也没想到，在那千钧一发的生死关头，汉尼拔的精锐之师正躲在头顶的山坡上，居高临下，从岩石和灌木后面对他们虎视眈眈。因此，罗马人穿过了隘口，在那一边的平原上散开，向汉尼拔的大营逼近。这时，隐藏的人马突然从他们的藏身之地冒了出来，山坡上的伏兵也以排山倒海之势冲将下来，牢牢控制了隘口，攻打罗马人的后翼，汉尼拔则率兵攻其前锋，又是一场持续的、拼命的、血腥的战役。罗马人处处受敌，被围在活湖泊，大山和隘口之间，插翅难逃，因此几乎全军覆没，弗拉米尼乌斯自己也阵亡。

这次战役的消息被四处传播，产生了轰动的效应。汉尼拔派人回迦太基，宣告了他认为的对敌的最后胜利，这次大捷的消息使得人们欢欣庆祝。相反，在罗马，军队再次失利的噩耗，使人们心上笼罩了一层失望与恐惧的阴云。

弗拉米尼乌斯战死于特拉西梅诺

就好像阻止可怕的敌人前进的脚步的最后一丝希望也破灭了,似乎他们除了陷入绝望的深渊,再别无他法。只能坐以待毙,等着汉尼拔的虎狼之师涌入罗马城门。

事实上,罗马人早就预见到会有大恐慌,因为他们的恐惧与日俱增,已经积聚了一段时日。关于迹象和预兆,古时的人们非常迷信。一大堆无关紧要的琐事发生,在今天,被认为没有任何后果,而在那时,却被认为是凶兆,预示着大灾大难。而且,在这样的大难临头的时刻,蛛丝马迹都逃不过人们的眼睛,平时根本不会加以考虑的情况,这时也会被添油加醋地口口相传,直到人们的想象充满了神秘而又不可战胜的恐惧。人们如此普遍地相信这些奇迹和预兆,以至他们有时会正式向元老院汇报,然后元老院会任命委员会进行调查,庄严地供奉祭品来"为他们赎罪",正如他们所说的那样,也就是避免预兆所显示的神灵的不悦。

在冬天和春天发生的一系列稀奇古怪的异象被汇报给元老院,而这期间,汉尼拔正向罗马推进。牛市上一头公牛钻进一户人家,迷路后爬上了三楼,追它的人们大声的吼叫和吵闹使它受了惊吓,就从一扇窗户跳出去摔到了地上。一道光以船的形状出现在天空。一座庙被闪电击中。一天,罗马神话中的主神朱庇特的妻子——著名女神朱诺的一座雕塑手中的长矛自己晃动。在某个地方,人们看到了白衣幽灵。一只狼来到一座军营,夺过卫兵手中的剑,

朱庇特与朱诺

并带剑逃走。有一天，太阳看上去比平时小。有人看到大白天两个月亮同时出现在天空，其中一个毫无疑问是个光晕或白云。在一个名为皮西努姆的地方，天上竟然下石头，这是所有预兆中最可怕的一个，尽管现在我们知道，天上下石头也不是什么稀奇的事。

毫无疑问，这些预兆都是真实发生的事，的确，多少会有些不同寻常，但是关于它们能预示大祸临头的说法自然是毫无意义的。汇报给元老院的其他奇闻怪谈几乎完全出自目击者的想象和恐惧。据说，某个军营中有两个盾牌流出了血。有人正在收割庄稼，血淋淋的麦穗掉进了篮子。这当然一定完全出于想象，事实上，除非一名割麦子的人不小心用镰刀割破了手指。有些溪流和喷泉开始流血。后来，在乡下的某个地方，一些山羊变成了绵羊，一只母鸡变成了公鸡，一只公鸡又变成了母鸡。

若不是因为这些如此可笑的故事在当时的重要性，现在根本不值一提。它们被正式汇报给罗马元老院，声称目睹了这些事的目击者被叫来仔细盘问，然后就如何避免预言所表达的超自然的邪恶影响展开严肃的讨论。元老院决定做三天的赎罪和供奉，这期间，全罗马人都要参加这些被认为是旨在平息上天的震怒的宗教仪式，他们给不同的神灵供奉不同的祭品和礼物，其中有一个五十磅重的金雷电，是专为主神朱庇特建造的，因为他们认为他掌管雷电。

所有这些事都发生在特拉西梅诺战役之前，所以，在

朱庇特

弗拉米尼乌斯战败的消息传回来之前，全城都处于焦虑紧张的状态。当这些噩耗终于传到罗马，整个城市陷入极度恐慌之中。当然，信使直接去了元老院议事厅向政府汇报，但战报回来的消息很快传遍了大街小巷，人们涌上街头和公共广场，急于探听消息。一大群人聚集在元老院议事厅前，要求公开战役的实情。后来，一位官员终于露面了，大声地对人群说道："我们在一场大战中被打败了。"除此之外他什么也没说。但是谣言四起，直到所有市民都知道了汉尼拔又一次在一场大战中打败了罗马军队，大量士兵阵亡或被俘，执政官本人也被杀。

那天晚上，人们在极度焦虑与恐惧中度过，第二天以及接下来的几天里，人们三五成群地聚集在城门口，焦急地向所有从乡下来罗马的人打听消息。不久，三三两两的散兵游勇和小支部队开始回城，带来了战役的消息，根据自己在战斗中的个人经历，每个人讲的故事都和别人截然不同。不管这些人什么时候回来，城里人，尤其是那些丈夫或儿子在军中的妇女，会围住他们，滔滔不绝的提问让他们应接不暇，他们一遍遍地讲述着自己的故事，但似乎永远也无法消除倾听者的焦虑与牵挂。这些消息通常只会让倾听者的担心与恐惧有增无减，但有时，当得知丈夫或儿子安然无恙，就会让她们如释重负，满心欢喜，正如在其他情况下，让她们提心吊胆，灰心绝望一样。母爱作为一种本能，在那些艰难的日子里和在更有教养更加文明的

第八章 独裁者费比乌斯

现代社会里一样强烈,下面的事实就是明证:这些罗马母亲中的两位,听说儿子们在战斗中倒下,但当她们一看到他们突然出现在眼前,还好好地活着,她们好像受了当头一棒,因为突如其来的惊喜而当场撒手人寰。

当罗马共和国处于生死存亡的危急关头,罗马人习惯于任命一位他们所谓的独裁者,也就是最高执行官,他拥有绝对的,至高无上的权力。因此,采取迅速和积极的行动,将国家从毁灭的威胁下拯救出来的重任就落到了他的肩上。这种情况显然是,非常时期需要非常措施的案例之一,来不及深思熟虑和认真讨论,因为在这种亡国灭种的危急关头,深思熟虑只会演变成争论不休,最后以喧闹骚乱而收场。汉尼拔带领胜利的大军,在其占领区大肆劫掠,他和罗马城之间再无任何障碍。这样的紧急情况需要任命一位独裁者,人们推选出一位经验丰富,智慧过人,名叫费比乌斯的人,将国家所有的权力交到他手上。所有其他的权力都被暂时收回,一切都得受他辖制,整个罗马城里每个人的生命和财产都由他支配,军队和舰队也归他指挥,甚至连执政官都得服从他的命令。

费比乌斯接受了由于当选而强加到他头上的重担,立刻开始采取必要的措施。他首先安排举行庄严的宗教仪式,以赎预兆的罪过,并安抚神灵。他把所有的人召集起来,让他们以最正式、最难忘的方式发誓,如果这些神灵将来能帮他们避免致命的危险,为了表示敬意,许以诸神供奉和庆典。然而，费比乌斯这么做，究竟是真的相信它们有效，还是只把它作为一种安抚民众心灵，使之镇静并充满信心的方式，那就不得而知了，这种镇静与信心总是来自对上天的支持的希望。如果后者是他的目标，那他的做法无疑是非常聪明的。

费比乌斯还立刻下令大量征兵，他的副手，被称作他的骑兵统帅，受命征兵，并在一个名叫提伯的地方集合队伍，此地在罗马城东几英里。在罗马，总会任命一位骑兵统帅陪同并辅助独裁者，在费比乌斯的任期内，担任骑兵统帅的军官名叫米努西乌斯。费比乌斯冷静，稳健，慎重，而米努西乌斯热情，敏捷，冲动。他招募了军队并把他们带到指定的集结地，由费比乌斯统领。又有一名执政官也带着自己的人马来与他会合，费比乌斯传话给他，他必须不带任何权力的标志来见他，因为在过去的平常日子里，执政官的所有权力相当于帝王，而在独裁者执政的时期，他的权力则被接管并撤销。执政官习惯了气势宏大地出席所有场合，有十二个人走在他前面，扛着标志和徽章，让军队和人民感受到他身份的尊贵。因此，看到一名执政官放下所有的权力标志，像其他军官来见一位认可的长官那样来见独裁者，这让费比乌斯的军队强烈地感受到他们的新指挥官身份和权力的至高无上。

费比乌斯接着颁布了一项公告，派合适的信使送往罗马周边的所有地区，尤其是被汉尼拔占领的地方。在这项公告中,他命令所有的民众放弃防范不够强的乡村和城镇,到城堡、要塞以及防守严密的城市寻求保护。他们还被要求在离乡背井之前毁掉一切家园和财产,尤其是所有无法带到逃难地的生活物资。做完这些事,费比乌斯率领招募到的军队,极其小心地出发搜寻他的敌人。

与此同时,汉尼拔穿过了意大利东部,然后南下,所到之处攻无不克,大肆抢掠,直到他到达罗马以南很远的地方。他似乎觉得特拉西梅诺战役之后,现在立刻就进军攻打罗马不够慎重,因为罗马人口众多,如果他真的威胁要占领并掠夺罗马城,可能会让罗马人孤注一掷,决一死战,最终彻底打败他。所以他向东转移,从意大利东边南下绕过罗马。碰巧费比乌斯不得不向东南进军以迎战汉尼拔。两支大军就在意大利东边,靠近亚德里亚海的地方遥遥相望。

费比乌斯决定采取的政策是向汉尼拔高挂免战牌,但是监视他,用疲劳和拖延消耗他的军队。因此,他与汉尼拔保持很近的距离,但总是将军队驻扎在有利的位置,无论汉尼拔如何挑衅,都无法引他离开。很快,当汉尼拔被迫采取行动,以取得生活物资时,费比乌斯也会采取行动,但只是像从前那样驻扎或固守在安全的地方。汉尼拔费尽心机向费比乌斯叫阵,但他的努力都是枉然。

事实上,他自己有一次也濒临险境。由于费比乌斯的巧妙安排,汉尼拔被引入一个四面环山的地方,山上驻守着费比乌斯的人马，只有一个隘口可以撤出，就这，也被费比乌斯严防死守。汉尼拔借助于他惯用的狡猾的手段和计谋，寻求逃脱。他召集了一群公牛，给它们的角上绑上柴把，这些柴把饱浸了沥青，使之更加易燃。在他试图穿越隘口的那天晚上，他命令军队做好闯关的准备，然后将公牛群赶上驻守隘口的罗马小分队所在的山坡，点燃牛角上的火把。受到火把的惊吓，公牛们狂性大发，四散逃窜，火把烧到了牛角根部的皮肉，掉落的火花弄瞎了它们的眼睛，森林被点着，引起了一场不小的混乱。士兵们看到移动的火光，听到鼎沸的喧哗，以为迦太基军队占领了山顶，要冲下来攻打他们，结果是匆匆忙忙，稀里糊涂地去迎战假想的敌人，而使隘口无人把守，当他们深入龙潭虎穴去追逐牛头上的火把时，汉尼拔的军队却悄悄地通过隘口，到达了安全的地方。

尽管费比乌斯缠住汉尼拔，使他无法靠近罗马，但对他的不满却与日俱增，怪他没有更加果断地采取行动。米努西乌斯不断地敦促他与汉尼拔交战，无果，就不断地表达自己的不满与不快，得到了军队的同情。他还给罗马写信，愤愤不平地大发牢骚，说独裁者行动不力。汉尼拔通过间谍和其他渠道了解到这一切，他是如此优秀的谋士，总是精于此道。汉尼拔自然很高兴听到这些分歧，以及费比乌斯不得人心的消息。他认为，和弗拉米尼乌斯和米努西乌斯这样鲁莽冲动的指挥官相比，费比乌斯是更加危险的敌人，因为他们总能被引入危局，轻易消灭，而费比乌斯却如此精明，如此小心谨慎。

汉尼拔觉得他能帮米努西乌斯一个小忙，让费比乌斯失去人心。他从一些罗马逃兵那里听说独裁者在乡下拥有一处价值不菲的农庄，他派遣一支小分队去那里抢掠并毁掉农庄周围的所有房屋和地产，只留下费比乌斯的农庄安然无损，目的是给费比乌斯在罗马的政敌以机会，让他们造谣说费比乌斯与汉尼拔暗中勾结，说他之所以没能大张旗鼓地奋起保卫国家，是因为和敌人做了卖国求荣的腐败交易。

这些计划得逞了，对费比乌斯的不满情绪在军队里和罗马城里迅速蔓延。在罗马，他们紧急召回费比乌斯，表面上是说他们希望他参加某些重大的宗教仪式，事实上是想把他从军中支开，给米努西乌斯机会攻打汉尼拔。他们还希望，如果有可能，想方设法剥夺他的权力。他被任命才六个月，任期未满，但他们希望缩短，或如果不能缩短，至少能限制并削弱他的权力。

费比乌斯去了罗马，把军队留给米努西乌斯指挥，但明确命令他不要和汉尼拔交战，也不要让军队面临险境，而是要坚定不移地贯彻他一直以来实行的政策。然而，他到达罗马后不几日，就传来消息，说米努西乌斯打了胜仗。米努西乌斯给罗马元老院写信，信中极尽炫耀卖弄之能事，对自己的丰功伟绩歌功颂德。

费比乌斯仔细调查了整个事情的经过，将不同的事件进行比较对照，得到了令自己信服，并稍后被证实的事实，那就是米努西乌斯压根就没有取得胜利，他丧失了五六千人马，汉尼拔的损失也仅此而已，费比乌斯显然并不占优势。他向元老院强调坚持他一贯政策的重要性，以及像米努西乌斯那样，孤注一掷，以一战求胜利的做法的危险性。除此之外，他还说米努西乌斯明确地，有意地违背了他的命令，应当被召回。

费比乌斯的这些言辞比以往更加严重地激怒了他的敌人，他们说道："站在这里的这个人，自己非但不去与敌人作战，还不允许其他人与他们交战。甚至直到现在，当他的副手获胜，他也不承认，灭自己威风，长他人志气。他希望拖延战争，这样就可以更加长久地享有我们交付给他的至高无上的权力。"

最后，对费比乌斯的敌意变得如此强烈，以至人们集会提议米努西乌斯享有和费比乌斯同等的指挥权。费比乌斯完成了罗马之行的公务，没有等到参与这一问题的讨论，就离开了罗马，星夜兼程回到军营。路上，他被一位信使赶上，信使带来的信中告知他，从此他必须与米努西乌斯平起平坐，不相上下。当然，米努西乌斯对这一结果得意忘形，他口出狂言道："现在，我们倒要看看还有什么不能做的。"

然而，首要的问题是，决定他们依照什么样的原则，按照什么样的方法分权。米努西乌斯说："我们俩不能同时指挥，那就轮流掌权，一人一天，或一周，或一月，或你乐意的任何时间段。"

"不，"费比乌斯回答道，"我们不分时间，分人。总共四个军团，你管两个，其余的归我。我担心你的冲动鲁莽会让你所指挥的所有军队陷入危险，这样，或许我还能救一半军队免受这样的危险。"

这一提议被采纳，军队被分成两部分，每一部分在各自的指挥官领导下，去了不同的营地。这样的结果是国家历史中记载的，最令人称奇，最不同寻常的事件之一。汉尼拔对这些事情了如指掌，立刻感到米努西乌斯将被他玩弄于股掌之间。汉尼拔知道他如此急切地想要交战，以至很容易诱其深入到几乎任何他自己可能会安排的陷阱中去。因此，他等待时机，直到在米努西乌斯的军营附近发现一块风水宝地，在那里埋伏下五千人马，藏在岩石和其他障碍物后面。这片地和米努西乌斯的军营之间有座小山，埋伏好之后，汉尼拔派一小队人马占领山头，期望米努西乌斯会立刻派更大的一支队伍来把他们赶走。他的确中计。汉尼拔接着增派援军，这激起了米努西乌斯的勇气和自满，他也增派援军，就这样，汉尼拔一步步地引出了所有的敌军，然后命令自己的军队当着敌人的面后撤，将罗马人引下山，直到他们被汉尼拔的伏兵包围。这些伏兵来势汹汹，如洪水般扑向他们。不一会儿，罗马人就完全陷入了混乱，

费比乌斯雕像

第八章 独裁者费比乌斯

在敌人面前四散逃命，完全任凭他们摆布。

如果没有费比乌斯的介入，一切都将不可挽回地失去。他在自己的军营里收到告急的情报，立刻率领所有军队出击，及时到达阵地，战斗力如此强大，以至立刻完全扭转了那天的战局，他救了米努西乌斯和他剩下的一半军队。这下轮到迦太基人撤退了，到口的猎物被夺走，这让汉尼拔失望至极，大为恼火。史书记载，米努西乌斯坦率理智，经过这一次，认识到了自己的错误，从此服从费比乌斯的领导。回到营地后，他集合剩下的队伍，向他们训话："战友们，我常听人们说，最英明的人是那些自身拥有智慧和卓识的人；在他们身边，是那些知道如何理解他人的智慧和卓识并受其引领的人；而那些不知道该如何为人，又不愿受英明的人领导的人都是些傻子。我们不属于最后这一类，既然事实证明我们也无权位列第一类，那我们就加入第二类。我们将去费比乌斯的营地，像以前那样合二为一。我们敬畏他，也敬畏他的军队，在有充分理由让我们咎由自取的时候他却前来营救我们，这其中所表现出来的高贵精神，我们将永远感激不尽。"

就这样，两大军团在费比乌斯的营地重归于好。两支军队之间达成了完全的，永久的和解。经过这次事件，费比乌斯赢得了普遍的高度的尊敬。然而，此后不久，他的任职期满，还因为汉尼拔的威胁现在不再那么紧急，这一职位也不再选举新人，但执政官的选举一如从前。

费比乌斯的性格赢得了全人类最高的赞誉,他的所作所为表现出了高贵的精神,他最后的行动之一就是一个引人注目的明证:他与汉尼拔谈判,付给他一笔钱,赎回落入他手的许多俘虏。有了费比乌斯的诺言作为保证,汉尼拔释放了这些俘虏。费比乌斯相信罗马人会很乐意认可这一条约并支付这笔钱,但他们却不高兴,或假装不高兴而提出抗议,因为费比乌斯在做出这一安排之前没有征求他们的意见。为使自己和国家的信用不被玷污,费比乌斯卖了自己的农庄筹钱。他这么做,毫无疑问,主要是保住并维护自己的名誉,但很难说他也保住并维护罗马人的声誉。

第九章

坎尼战役

精彩看点

坎尼战役激起的兴趣——各种军事行动——罗马民众的心态——平民和贵族——执政官安米利乌斯和瓦罗——建立新军——瓦罗的自信——安米利乌斯的谨慎——安米利乌斯的看法——费比乌斯的建议——费比乌斯与安米利乌斯的对话——安米利乌斯的决心——两名执政官加入军队——汉尼拔的境况——食物短缺——汉尼拔军队的苦难——觅食分队被打败——汉尼拔假装弃营——斯塔提利乌斯的任务——计谋被识破——汉尼拔和罗马人的失望懊恼——阿普利亚——汉尼拔进军阿普利亚——罗马人跟踪而来——新的营地——两名执政官不和——居民逃离——演习——坎尼战役——又一条妙计——罗马人被打败——安米利乌斯受伤——安米利乌斯阵亡——瓦罗逃走——战场上的情形——受伤的和垂死的——罗马士兵和迦太基士兵——豪夺

第九章 坎尼战役

坎尼战役是汉尼拔在意大利的最后一次大仗。史学家毫不吝惜溢美之词，将其作为千古传奇载入史册，不仅仅因为它的重要性，以及双方以死相拼的决心，还因为战役发生的特定环境和战斗细节激发了人们强烈的兴趣。然而，这种兴趣，或许很大程度上是由于讲述这一故事的古代史学家那特有的技巧，或许是由于他所记录的事件本身。

大概是在费比乌斯结束独裁任期的一年后，坎尼战役打响了。这期间，任职的罗马执政官展开了一系列小规模的军事行动，然而，并未导致任何决定性的结果。同时，罗马却被不安与不满的氛围所笼罩。让这样一位危险而可怕的敌人，率领四万大军，在罗马城周围出没，在友邦的领土上劫掠，并不断威胁要攻打罗马城，真是给人无尽的焦虑与烦恼。发现他们所能组建的最伟大的军队，他们所能推选并委任的最能干的将军，被证明完全无力阻挡敌人，这让罗马人的自豪感备受打击。事实上，他们中最明智的人曾经认为有必要完全拒绝与他交战。

事情发展到这一步,让罗马人很不痛快。党派斗争空前激烈;不断举行喧闹的集会;争论盛行;相互指责,反唇相讥没完没了。形成了两大派系:一边是中产阶级,一边是贵族。前者被称为平民党,后者被称为贵族党。这两个阶级之间的差异很大,非常显著。也正因为这样,执政官的选举才会困难重重。最后,大选终于尘埃落定,每个党派一名,贵族党的执政官叫鲍罗斯·安米利乌斯,平民党的叫瓦罗。他们正式上任,共掌大权,高效而成功地行使权力似乎需要掌权者的团结与和谐,然而,安米利乌斯和瓦罗却是矛盾根深蒂固、不可调和的政治死敌。罗马政

鲍罗斯·安米利乌斯参加坎尼战役

府一贯如此,执政权就是一个双头怪,有一半的力量都因为其成员的内斗而消耗。

罗马人现在决心采取行之有效的措施使自己摆脱敌人。他们建立了一支强大的军队,由八个军团组成。罗马的军团本身就是一支独立的军队,通常包括四千名步兵,三百名骑兵。同时动用两三个军团已是很少见,然而罗马人这一次,不但增加了军团的数量,还扩大了它们的规模,这样,每个军团就包括五千名步兵和四百名骑兵,他们力图一战打垮汉尼拔,保卫罗马,拯救共和国免遭毁灭。安米利乌斯和瓦罗准备掌管这支大军,决心使之成为消灭汉尼拔的工具。

然而,两位指挥官的性格和政治人脉却迥然不同,他们很快就展示出了大相径庭的精神风貌,表现出截然相反的态度和举止。安米利乌斯是费比乌斯的朋友,赞同他的对敌政策。瓦罗则更加机敏果断,他许下重诺,信心百倍地说能一举歼灭汉尼拔,他谴责费比乌斯通过拖延来消耗敌人的战术,他说这是贵族党拖延战争的计划,是为了让自己身居要职,保住他们的地位和影响。他还说战争早就应该结束,他现在对人民做出承诺,他当天一看到汉尼拔,就能万无一失地结束战争。

至于安米利乌斯,他的语气却有着天壤之别。他说,有人竟能在还未离开罗马之前,对己方军情和敌军驻扎的位置,兵力部署的情况,多久以及在什么样的环境下发起对敌战斗才算英明，都一无所知的情况下，装出很果断的样子，这让他感到非常吃惊。制定计划时务必使之适应环境，因为不可能改变环境以适应计划。他相信，在与汉尼拔的对抗中他们能够取得胜利，但成功的唯一希望必须以周到的考虑，时刻的谨慎，精准的判断为基础。他确信鲁莽和蠢行只会导致未来的大败和灭亡，正如他们过去一贯的做法那样。

据说，以前的独裁者费比乌斯，在离开军队前曾和安米利乌斯有过对话，他根据自己的阅历以及对汉尼拔性格和行事方式的了解，建议安米利乌斯记住："如果你有一位和你一样的同僚，我就不必给你建议，因为你不需要。或者，如果你自己和你同僚一样自负，妄自尊大，专横冒失，我也不必多言，建议也会被你丢弃。但事实是，虽然你有精准的判断力和远见卓识来引导你，但却被置于一个极其危险的境地。如果我没有猜错的话，你将面临的最大的困难不是你在战场上要遇到的公开的敌人，我想，你会发现瓦罗给你带来的麻烦不会比汉尼拔少。他这个人自以为是，胆大妄为，刚愎自用，他会用自己狂热的蠢行鼓动军中那些轻率激动的年轻人。如果我们没看到特拉西梅诺湖那可怕而血腥的场面重演，那我们真是够幸运的。我坚信我们必须遵循的政策就是我已经选择的。对于被侵略者而言，追逐侵略者永远不会错，也是最不容置疑的成功的战术，通过拖延，我们变得越来越强大，而汉尼拔却日渐削弱。

第九章 坎尼战役

他只能靠战斗和丰功伟绩来获得成功，如果我们剥夺了他的这种能力，他的力量就会慢慢地消耗殆尽，他手下的精神和勇气也会逐渐减退。他现在的兵力勉强达到横渡埃布罗斯河时兵力的三分之一，只要我们英明决断，就没什么能拯救得了这一残部。"

安米利乌斯回答道，他几乎没有任何希望，获得任何鼓励，就参加了战斗，如果费比乌斯发现很难经受住骑兵统帅——他的副手，那强横的影响，就这还是在他的指挥下，那么他——安米利乌斯，又如何能限制得了与自己平起平坐的同僚瓦罗呢！但是，尽管他已经预见到了困难重重，他还是会履行自己的职责，承担任何结果；如果结果不容乐观，他宁可战死沙场，因为在他看来，死在迦太基人的铁矛下远比让国人不悦与谴责要好受得多。

两名执政官离开罗马加入军队，与安米利乌斯随行的是数量适中的一群有着军衔和身份的人，瓦罗的随从虽然都是来自社会底层的人，但数量更多。军队被组织起来，营地的安排也堪称完美，有一个仪式是组织官兵们宣誓，正如罗马军队在开战前通常会做的那样。他们被要求宣誓如下：决不擅离职守，决不临阵脱逃，决不离开队列，除非捡回武器，或杀敌救人。完成了这些和其他安排之后，军队准备开赴战场。关于权力的分配，两名执政官采取了和费比乌斯与米努西乌斯不同的做法，二人同意，一人一天，轮流担任统帅。

与此同时，汉尼拔开始发现自己陷入了粮草不济的困境。费比乌斯的政策迄今为止是成功的，因为他把汉尼拔逼进了一个非常尴尬的境地，一个一天比一天更加尴尬的境地。除了劫掠，他再也无法获取食物，而抢劫的机会现在也少之又少，因为乡民们把所有的谷物都带走，藏在防守严密的城镇里；尽管汉尼拔对在开放的战场上与罗马军队的常规战斗胸有成竹，他却无力攻打要塞或加固的军营，因此，粮草几乎消耗殆尽，到目前仅够维持十天，汉尼拔一筹莫展，只能坐吃山空。

因此，他的主要目标就是要战斗，瓦罗很乐意与他交战，但安米利乌斯，或者叫他的全名，更加著名的称呼是鲍罗斯·安米利乌斯，非常希望坚持费比乌斯的政策直到十天期满，他知道，那之后，汉尼拔必定会陷入极端的困境，很有可能即刻投降，以拯救军队免遭饥荒。事实上，据说军队口粮供应如此紧缺，以至引起了官兵极大的不满，一大群西班牙官兵准备逃亡，一起投奔罗马大营。

事情发展到这种地步，有一天，当汉尼拔从自己的军营里派出一支人马外出觅食，碰巧那天轮到安米利乌斯坐镇指挥，他派出一支劲旅拦截他们。他成功了，迦太基人的小分队被打得落花流水，将近两千人丧生，其余的慌不择路，四散逃命，回到汉尼拔的军营。瓦罗急于追击，但安米利乌斯命令他的人马止步，因为他担心汉尼拔又耍什么花招或阴谋，他更倾向于对既得胜利感到满意。

然而这次小小的胜利,不料却激起了瓦罗交战的热情,导致罗马全军士气极为高涨,而一两天后发生的一件事将这种高涨的士气推向了顶点。几个侦察兵,守在汉尼拔军营不远处,监视他的动向。他们传口信给执政官,说迦太基军营周围的卫兵突然全部消失,营地里超乎寻常的寂静。一队队罗马士兵,慢慢地,小心谨慎地进入迦太基人的防线,很快发现汉尼拔率领大军弃营而走,尽管篝火还在燃烧,帐篷还在原地。不用说,这一情报让整个罗马大军万分激动,他们聚集在执政官的大帐周围,吵吵嚷嚷地坚持要指挥官带领大家占领敌营,并追击敌军。"他逃跑了,"他们说道,"走得如此仓促,连帐篷都没拆走,篝火都没熄灭,率领我们追击他们吧。"

瓦罗和其他官兵一样兴奋,他急于行动,但安米利乌斯却心存顾虑,他做了特别调查,他说他们应该谨慎前进。最后,他选出一位名叫斯塔提利乌斯的精明睿智的军官,命令他带领一小队骑兵,到迦太基营地查明真相,汇报结果。斯塔提利乌斯依令行事。当他到达敌人的防线时,他命令自己的人马停下脚步,只带两名信得过的勇气可嘉,力量超群的骑兵随行。三个骑兵进入敌人的防线,绕着敌营仔细察看,力求弄清楚汉尼拔是真的弃营逃跑,还是又在耍什么计谋。

他回营后向军队汇报,在他看来,汉尼拔弃营是假,引罗马人上钩是真。靠近罗马人这一边的篝火最旺,显然是为了迷惑他们；他还看到大量金银财宝散落在地，但在他眼里，它们更像是放在陷阱中的诱饵，而不像逃命者逃跑时当作累赘而丢弃的财产。瓦罗固执己见，未被说服；官兵们一听说有钱财，个个摩拳擦掌，跃跃欲试，准备劫营，他们如脱缰的野马，难以控制。然而，就在这千钧一发的生死关头，两名早先被迦太基人俘虏的奴隶来到了罗马大营，他们告诉执政官们，迦太基的所有军队都埋伏在附近，只等罗马大军入营劫掠时，迦太基人就会把他们分割包围。正是在上演这场空城计的喧闹与忙乱中，两名奴隶才得以逃脱。当然，罗马大军现在相信了，他们带着懊丧与失望的心情回到了大营，汉尼拔于是也收兵回营，和罗马人相比，他的懊丧与失望有过之而无不及。

然而，汉尼拔很快发现，他不能继续待在原地，因为大军粮草耗尽，他却束手无策；而罗马军队不会出营与他平等地交战，他们的营地又固若金汤，无法攻克，因此，他决定撤离此地，突然挥师南下，进入阿普利亚。

阿普利亚位于意大利东边，奥菲杜斯河流经这一地区，河口附近有一小镇，名为坎尼。奥菲杜斯河流域是一个温暖阳光的山谷，时下正翻滚着金黄的麦浪。因为此地比他曾经驻扎的地方更南，阳光更充足，汉尼拔想庄稼也会成熟得更快，至少他又有了新的地方可以掠夺。

所以，这一次他决定真心实意地离开大营，转战到阿普里亚。他做了和上次假装弃营而走时的同样的安排，让

第九章 坎尼战役

帐篷依然树立,篝火依然燃烧,趁着夜色,悄悄地率军离开,以致罗马人根本没有发现他的离去。第二天,当他们看到汉尼拔的大营里一派寂静,就怀疑这又是一个阴谋,遂不为所动。然而,后来有消息传来,有人看到汉尼拔的大队人马带着行李辎重,已经远远地、尽可能快地向东转移。经过争论和怀疑,罗马人决定尾随。亚平宁半岛上的雄鹰,俯瞰着这两支大军,像两群昆虫,慢慢地爬过森林和山谷,一个跟着一个,被一种神秘而强大的引力所引导,远离时则相互吸引,靠近时又会相互排斥而分开。

罗马大军在奥菲杜斯河,靠近坎尼的地方追上了汉尼拔,双方各自临近对方安营扎寨。在大战在即的前夜,两大军营排兵布阵,人喧马嘶,一派忙乱的景象。在罗马大营里,由于两位执政官和各自的拥护者之间就下一步该如

奥菲杜斯河及罗马时代的古桥

何做而发生了激烈的争论,从而乱成了一锅粥。瓦罗坚持即刻攻打迦太基人,却被安米利乌斯拒绝。瓦罗说他必须抗议继续这种不可饶恕的拖延,坚持战斗。让意大利任凭这样的祸害摆布,他不同意继续为此负责。安米利乌斯回答道,如果瓦罗贸然开战,他自己将抗议他的鲁莽,并完全不为结果负责。军官们也表明立场,有的支持这边,有的支持那边,但大多数人都支持瓦罗。罗马大营因为起了纷争而充满了激动不安和嫌恶的气氛。

与此同时,虽然有组织,受管制,但却如狼似虎的两支大军开赴的地方,突然涌出这么多的战士,乡民们避之唯恐不及,飞也似的逃离可以想到的即将到来的可怕场面。他们从村中小屋带走那点儿可怜的家产,带着老婆孩子远走他乡,去隐秘的地方,去要塞堡垒,去任何他们想象得到,可以暂且藏身的地方。两支大军调兵遣将的消息被成百上千的难民和信使传遍了整个地区,整个意大利都牵肠挂肚,焦虑不安地观望着,等待着战斗的结果。

两军对峙演习了一到两天,当轮到瓦罗指挥时,他准备促成一次军事行动,而第二天,安米利乌斯又会想尽一切办法阻止它,最后,瓦罗成功了,他摆开阵势,大战一触即发。安米利乌斯现在不得不放弃与瓦罗的对抗,尽管他强烈抗议瓦罗采取的策略,但既然冲突不可避免,他还是积极准备,防止战斗失利。

战斗开始了,读者必须发挥他们的想象力,因为笔墨

第九章 坎尼战役

根本无法描述那惨烈的场面。五万人马对抗八万人马，持续苦战了六个小时，用一切可能导致毁灭的方式相互厮杀——刺戳、殴打、搏斗、嚎叫、怒吼、挑战、因为害怕或痛苦而尖叫，各种声音混杂成一片嘈杂的噪音，淹没了方圆几英里的区域，所有这一切构成了一场惨绝人寰的可怕景象，除非亲历战争的人，否则无法形成恰当的印象。

似乎汉尼拔每战必用计。在这场战役的早期，他派了一大队人马假装逃兵去罗马大营，当他们快到罗马人的阵线时，扔掉了长矛和盾牌以示投降。罗马人接纳了他们，让开通道，将他们安置在后卫部队，命令他们待在那里。由于他们手无寸铁，罗马人就只留下一小部分卫兵监视他们。没曾想这些人身藏短剑，趁着混战伺机而动，他们跳将起来，拔出武器，摆脱卫兵，攻击罗马人后卫，而就在此时，罗马人的前锋遭到敌人的压制，阵地几乎难保。

显然，几个时辰前罗马军队就处处投降，一开始是磨磨蹭蹭不情愿地投降，不久便开始逃窜。在逃窜的过程中，老弱病残被身后紧跟的乌泱泱的人群践踏在脚下，或被经过此处追击逃兵的敌人肆无忌惮地殴打致死。现场有一位叫林图鲁斯的罗马军官，当他骑马离开的时候，看到面前的路边有一位受伤的军官，坐在一块石头上，身体虚弱，正在流血。他走到他面前停下来，发现受伤的军官竟然是执政官安米利乌斯，他头部被石弹砸伤，有气无力。

林图鲁斯把自己的坐骑让给他，催他赶紧骑上逃命。

安米利乌斯婉言谢绝了他的好意。他说他命不久矣,再说,他也不愿苟活。"所以,你自己,赶紧逃,"他说道,"越快越好,直奔罗马,告诉那里的官员,就说我说的,一切都完了,他们只能靠自己奋力拯救罗马了。你要快马加鞭,疾如流星,不然汉尼拔就会捷足先登,到达城门。"

安米利乌斯还给费比乌斯带去了口信,告诉他与汉尼拔冒险一战不是他的错,他说他已经尽力制止,并坚决贯彻费比乌斯坚持到最后的政策。林图鲁斯记下这些口信,估摸着迦太基人快要追上来了,就上马离开,留下执政官自生自灭。迦太基人赶了过来,当他们经过时,一看到这个伤员,就一个又一个地把长矛刺进了他的身体,直到他的四肢停止颤动。至于另外一名执政官瓦罗,他捡回了一

安米利乌斯战死

第九章 坎尼战役

条命。在七十多名骑兵的护卫下,他逃到了距战场不远的一个设防的小镇,他和他的骑兵们在那里停下脚步,决心收拾残局,重整旗鼓。

当迦太基人发现自己大获全胜,便不再追击残敌,他们回到营地,宴饮欢庆了好几个时辰,然后倒头便睡。诚然,这一天的硬仗打下来,可把他们累坏了。战场上,受伤的士兵整晚躺在死人堆里,空中充满了哭叫与呻吟,他们痛苦地扭动着身子。

鏖战坎尼

第二天一大早，迦太基人回到战场上，抢劫罗马人的尸体。整个阵地产生了最为惊人的视觉冲击：人马的尸体相互叠压，堆积如山。当他们倒下的时候，有的死了，有的还活着，伤兵们呻吟着，哭喊着要水喝，时不时地，虚弱地挣扎着从埋住自己的死人堆里解脱出来。迦太基人对敌人有不共戴天，难以释怀的仇恨，并未因为对四万罗马士兵的屠杀而有所减轻；只要被他们发现，他们就会砍倒或刺杀这些不幸的，苟延残喘的伤兵；经过前一天的苦战，他们把屠杀当成了晨间的消遣。然而，对于那些可怜的受害者来说，这几乎算不上残忍的行为，因为他们中的很多人把胸膛袒露给行凶者，祈求致命的一击以结束他们的痛苦。在打扫战场的时候，发现一名迦太基士兵一息尚存，但被罗马敌人的尸体压在身下，迦太基士兵的脸和耳朵血肉模糊，触目惊心，当两人都受了致命伤，罗马士兵倒在他身上，当不能再用武器的时候，他继续用牙齿战斗，直到战死，还要用自己的尸体压住筋疲力尽的敌人。

迦太基人获得不计其数的赃物。罗马军队中来自贵族阶层的军官和士兵成千上万，他们的武器和衣服都价值不菲，迦太基人从他们的手指上取下了数不胜数的金戒指，汉尼拔把它们作为战利品运回迦太基。

第十章

西庇阿

精彩看点

汉尼拔成功的原因——西庇阿——罗马军队的残部——西庇阿当选为指挥官——西庇阿的能力——米特鲁斯的情况——米特鲁斯屈服——罗马的恐慌——元老院休会——汉尼拔拒绝进军罗马——汉尼拔将司令部设在卡普亚——汉尼拔派马高回迦太基——马高的演说——一袋戒指——迦太基元老院的辩论——汉诺在迦太基元老院的演讲——战争的进展——汉尼拔军队的衰弱——马塞鲁斯——罗马人的成功——包围卡普亚——汉尼拔攻打罗马大营——进军罗马——因暴风雨而受阻——哈斯德鲁巴翻越阿尔卑斯山脉——利维乌斯和耐如——行省的划分——截获的信件——耐如的迷惘——军法的严酷——违法的危险——耐如的计划——夜行军——利维乌斯和耐如攻打哈斯德鲁巴——哈斯德鲁巴下令撤退——哈斯德鲁巴的军队遭到屠杀——哈斯德鲁巴阵亡——罗马大军节节胜利——西庇阿的成功——西庇阿在非洲——迦太基受到威胁——停战协议——汉尼拔被召回——汉尼拔组建新军——罗马人捉住了间谍——谈判——汉尼拔与西庇阿会谈——最后一战——迦太基失败

第十章 西庇阿

汉尼拔成功的军事生涯之所以如此顺利，其真正的原因似乎并非罗马人采取了错误的对敌政策，而是因为迄今为止，他们没有一位将军能与汉尼拔相匹敌，所有被派去与之对抗的将领，很快便证明技不如他。与他们相比，汉尼拔总是棋高一着，总能在战场上克敌制胜。然而现在，汉尼拔命中注定的克星终于出现了，他就是小西庇阿，那个在提希纳斯河战役中救了自己父亲的年轻人。这个西庇阿，尽管是汉尼拔第一位强大的对手西庇阿的儿子，通常却被史学家称作大西庇阿，因为在他之后，还有一个西庇阿，由于在非洲与迦太基作战而名声显赫。这后两位西庇阿，从罗马人那里得到了阿弗利卡纳斯（意为非洲征服者）的姓氏，以纪念他们在非洲的胜利。现在走上历史舞台的被称作大阿弗利卡纳斯·西庇阿，有时或简称为大西庇阿。他和之后的小西庇阿，让其父亲老西庇阿在罗纳河和波河试图阻挡汉尼拔的功绩黯然失色，以至在人们命名并区分后两位西庇阿时，老西庇阿则淡出了人们的视野并逐渐被遗忘。

我们现在讲到的西庇阿，第一次走上历史舞台，是在坎尼战役后行使军队指挥官的权力的时候。他是一位下级军官，坎尼战役后的第二天，他发现自己和许多同级军官，以及陆续逃出的疲劳虚弱、灰心绝望的残兵败将来到了一个名叫卡努苏姆的地方，此地离坎尼不远，就在回罗马的路上。谣传两位执政官都阵亡了，因此，这些残部群龙无首，军官们聚到一起，一致同意在这危急时刻让西庇阿做他们的统帅，直到来了高级军官或等待罗马下达命令。

这里发生的一件事，从一个惊人的角度，展示了年轻的西庇阿有胆有识，精力过人。就在他被拥为主帅的那次会议上，所有的人都忧心忡忡，不知所措，一位军官走进来，报告说在营地的另一边，有一群军官和年轻士兵，在某个名叫米特鲁斯的人的带领下，考虑到他们在意大利的事业彻底完蛋了，因为绝望而决定放弃国家的大业，正准备立刻动身去海边，找船去国外寻求安身立命之处。这名军官提议，他们应该召开会议，商量最佳的行动方案。

"商量！"西庇阿说道，"这可不是商量的事，行动吧！拔出你们的剑跟我走。"说着，他一马当先，带领众人来到了米特鲁斯的营房，他们理直气壮、毅然决然地冲进米特鲁斯和他的拥护者们商谈的房间。西庇阿举起他的剑，极其庄严地发誓，以约束自己在祖国处于危难的时刻决不背弃她，也不允许任何其他罗马公民背弃她。如果他背叛祖国，他恳求朱庇特，以最可怕的诅咒，毁掉他的一切，包括房子、家庭、财富，精神和肉体。

"而现在，米特鲁斯，我恳请你，"他说道，"以及所有跟你在一起的人们，和我发同样的誓，你必须这么做，否则你得问问我们的剑答不答应，还有迦太基人的剑答不答应。"米特鲁斯和他的团队屈服了。也不全是因为害怕他们才屈服的，和害怕成正比的，是对他们的希望的影响。西庇阿的行为所展示出的勇气、活力和尚武，唤醒了他们内心同样的精神，再次点燃他们的希望：或许祖国还有救。

罗马军队惨败的消息飞传到罗马，导致全民恐慌，整个城市沸腾了，几乎每个家庭都有人参军，以至全城的妇孺心乱如麻，一方面因为丈夫或父亲在战斗中被杀身亡而悲痛欲绝，另一方面担心汉尼拔和他那暴虐的追随者们即将打破城门来屠杀他们而惊恐万分。罗马的大街小巷，尤其是广场上，挤满了男女老幼，他们哀悼亡灵，绝望恐惧，大放悲声，响彻云霄。

治安官们都无法恢复秩序，元老院事实上已经休会，以便其成员能到城里各处，即使不能让民众恢复镇静，至少用他们的影响和权力让他们保持沉默。街道终于又变得畅通无阻；妇女和孩童被命令待在家里；武装巡逻人员进行警戒，防止人们骚乱的集会；男人们骑上马，被派去前往卡努苏姆和坎尼的路上，获取更多准确的情报；元老院又重新开会,尽可能从容镇静地考虑下一步该怎么办。

然而,罗马的恐慌,从某种程度来说只是虚惊一场,因为汉尼拔,与整个意大利的期待正相反,并没有进军罗马。他的将领们强烈敦促他进军罗马,他们说,没有什么能阻挡他立刻占领这个城市。但汉尼拔拒绝这么做,罗马城防坚固,人口众多,坎尼一战,他的军队也大大地削弱了,他似乎认为,得到国内的增援后再攻打罗马才是最明智的。而目前的季节已经太晚,不可能即刻得到增援,因此他决定选择一个比罗马更易得到的地方,作为他过冬的司令部,他相中了卡普亚,一个距罗马东南一两百英里的强大的城市。

其实,汉尼拔心怀这样的构想:保持对意大利的占领,以卡普亚为首都,让罗马自行衰退成一个二线城市,在这样的大环境下,它不可避免地会陷入这种境况。或许他厌倦了战争的疲劳与危险,坎尼战役前九死一生,让他下决心不再鲁莽地招致新的危险。是进军罗马,还是在卡普亚建立新都,对他来说是个大问题,这一问题中他本该完成的任务后来引起了极大的争论,自他之后的所有时代,军事家们一直在讨论。无论对与错,汉尼拔还是决定在卡普亚建立新都,暂时不去打罗马的主意。

他马上派人去迦太基请求增援,他派回去的信使是一位叫马高的将领。马高一路跋山涉水,风尘仆仆地回到迦太基,带回了胜利的消息和如前所述,在坎尼战场上收集到的大量的戒指。喜报让迦太基举城欢腾，他的亲友和赞助者们喜气洋洋，无比自豪，他们奚落并责骂他的敌人，因为那些人曾在汉尼拔当选为西班牙守军统帅时表示过反对。

马高觐见了迦太基元老院，通过慷慨激昂，能言善辩的演讲，告诉他们汉尼拔打了多少光荣的硬仗，获得了多少胜利；他与罗马派来的最彪悍的将领抗争，并百战百胜，攻无不克；他说他总共杀敌二十多万；现在整个意大利都臣服于他，罗马陷落，他定都卡普亚。他总结道，汉尼拔现在急需大量的援兵、金钱和粮草，他相信迦太基人会雷厉风行、夜以继日地按时送到。接着，他把带回来的那一大袋戒指，作为他所陈述的胜利的战利品，倾倒在元老院的甬道上。

如果汉尼拔的朋友们能像马高对待这件事的态度那样适可而止，不要逼人太甚，或许对汉尼拔来说就再好不过，但是他们中的有些人总是忍不住要咄咄逼人地斥责他的敌人，尤其是汉诺，大家还记得，他起初曾反对派汉尼拔去西班牙。他们转向他，得意扬扬地质问他，当初搞分裂，反对这么一个大无畏的勇士，现在又做何感想。元老们默默地看着他，不知他会如何回答。汉诺却镇静自若、从容不迫地说出了下面这些话：

"我本来不想多说什么，就让元老院按照马高的提议，爱干什么就干什么，但有人非得要我说点什么，那好，我要说我现在的想法和以前一样,我们被卷入了一场成本巨大、毫无意义的战争,而且,尽管有这些吹嘘的胜利,正如我所想的那样,我们离战争结束却渐行渐远,没有尽头。汉尼拔假装自己开创了辉煌的局面,同时要求我们为他做这做那,这两者之间的自相矛盾,充分显示了他那所谓成功的空口无凭。他说他打败了所有的敌人,却还想让我们增派援兵;他征服了整个意大利,那可是全世界土地最肥沃的国家,并在卡普亚统治它,却还跟我们要粮草;然后,为了自圆其说,让这一切更有说服力,又送给我们这么多金戒指,作为他掠夺而得的财富的样本,随着他的馈赠,又要求我们给他大量的金钱。在我看来,他的成功纯属子虚乌有,以他目前的情况,除了他的迫切需要,以及这些需要强加给国家的重担,再没有比这更重大的事了。"

尽管汉诺极尽讽刺挖苦,迦太基人还是决定支持汉尼拔,将他所需如数送来。然而,他们却因为重重困难和耽搁,迟迟不能送达。尽管罗马人无法撼动汉尼拔在意大利的地位,他们却在不同的国家招兵买马,在世界上不同的地区,在海上,在陆上,与迦太基人以及他们的盟友展开了长期的战争。

结果是,汉尼拔转战意大利十五六年,与罗马政权持续进行着战争,却从未取得任何决定性的胜利。这期间,他有时会胜利,高奏凯歌,有时则被敌人步步紧逼。据说他的军队因在卡普亚享受荣华富贵而变得不堪一击。卡普亚是一个非常美丽富饶的城市,市民们打开城门欢迎汉尼

第十章 西庇阿

拔,并与他签订协议,据他们说,与罗马相比,他们更愿意与汉尼拔结盟。军官们——正如一支军队的军官们在打了一场持久的、光荣的硬仗之后,身心疲惫,然后安顿到一个富强的城市而惯常会做的那样——便开始放纵自己,骄奢淫逸,寻欢作乐。他们渐渐地喜欢上了这样的生活,而不是行军打仗的艰险。

无论是什么原因,毫无疑问,事实上,自从汉尼拔和他的军队占领了舒适的大本营卡普拉,迦太基人的影响力就每况愈下。当汉尼拔决定让卡普拉代替罗马成为意大利的首都时,当然,当他在那里安顿下来时,他从某种程度上来说感到了安定和自在,对于攻打罗马古城的计划也不再像从前那样热心。然而战争依然在持续,战斗多如牛毛,许多城市被包围,罗马政权不断地收复失地,然而并未取得任何决定性的胜利。

最后,在这些对抗中,罗马将军中出了一位名叫马塞鲁斯的新人,不管是因为他更加大胆、更加活跃的性格,还是因为对抗的两个大国力量对比有了相对的变化,他采用了比费比乌斯那稳健的政策更加积极进取的政策。然而,马塞鲁斯在他的计划中非常谨慎,他投入了如此多的睿智和技巧,以至他几乎总能成功。罗马人对他的行动和热情大加赞赏,同时,也不忘费比乌斯谨慎内敛的防御性战略而让罗马人受到的恩惠,他们说马塞鲁斯是罗马共和国的剑,而费比乌斯是它的盾。

罗马人继续这样的战事,他们持续的时间越长就越成功,直到最后,他们兵至卡普亚的城墙根下,用围困来威胁它。汉尼拔的城防固若金汤,牢不可破,罗马人不可能通过一次突袭就夺取城池,他们也不可能强大到足以包围整个城池,从而将敌人完全封闭在城里。然而,他们在附近驻扎了一支大军,以示威胁,从而让汉尼拔的军队一直保持警戒。除此之外,让迦太基人认清自己目前所处的地位,可以说,被自己不久前多次打得落花流水的手下败将包围起来并震慑住,对于他们的自豪感而言,无疑是奇耻大辱,让他们颜面尽失。

汉尼拔在罗马人前来攻打卡普亚的时候,好像变了个人似的。然而,为了解围,他立刻进军,对罗马人发起反攻,试图迫使他们,从专业角度来讲,解除对卡普亚的围困并退兵。不过,罗马人的大营壁垒牢固,坚不可摧,汉尼拔的攻击失去了往日的威力,所以他并未取得任何决定性的胜利。随后,他率大军离开此地,杀奔罗马。他在罗马近郊扎下营盘,扬言攻城;但罗马的城墙、堡垒和塔楼,和卡普亚的一样令人望而生畏,加之防御准备充分,所以对他来说,要想真的攻城并非明智之举;他的目的是围魏救赵,引起罗马人的恐慌,迫使他们将大军从卡普亚撤回以保卫罗马。

事实上,他的确引起了一定程度的惊慌,在罗马当局的讨论会上,有人提议从卡普亚撤军,但被否决,甚至费比乌斯也不同意,汉尼拔已不再那么令人畏惧。他们从卡普亚召回了一小部分军队,加上城里能组建的军队,然后开始向汉尼拔发起进攻。据说,战斗准备就绪之后,一场暴风雨袭来,如此猛烈以至将交战双方赶回了各自的营地。伟大的罗马史学家庄重地说道,暴风雨反复肆虐了两三次,每次,各方的将军一从预期的战斗中撤军,天气就会立刻恢复平静。这样的事情或许有可能发生,但事实多半是,双方都对对方心存胆怯,都有意找借口拖延决定性的战斗,因为曾经一度,就连最猛烈的暴风雨都没能阻止汉尼拔攻打罗马。

这样一来,事实上,汉尼拔最终到达了罗马城外,但在那里,除了威胁,他什么也没有做。他在郊区的营盘也仅被看作是虚张声势;他的出现似乎并未引起城里居民的任何忧惧。其实,这次之前,罗马人已不再害怕迦太基军队。为了表示对汉尼拔的轻蔑,他们在公开的拍卖会上以平常的价格出售汉尼拔安营扎寨、包围罗马的那块土地。竞价者们或许从某种程度来说,受了爱国主义精神的感召,以及渴望向汉尼拔表达,他对那片土地的占领只是昙花一现,从而达到嘲弄他的目的。为了报复对他的嘲弄,汉尼拔在自己的营地里,在拍卖会上售卖罗马一条主街上的店铺,他的军官们兴致勃勃地买下了它们。这表明罗迦之争的性质发生了巨大的变化,因为我们发现这两个大国,几年前还在波河和坎尼进行殊死的搏斗,现在却用这样的口水战去满足他们日渐淡化的仇恨。

当汉尼拔试图通过其他方式获取增援失败之后，他就尝试让他的兄弟哈斯德鲁巴率军再次翻越阿尔卑斯山脉。这是一支大军，在行军途中，他们经历了和汉尼拔经历过的同样的困难，尽管程度较轻。然而，从西班牙出发的整支大军，除了他兄弟的脑袋，汉尼拔什么也没有收到，哈斯德鲁巴的尝试不幸被终结，其情况是这样的：

当哈斯德鲁巴从阿尔卑斯山脉下来，欢庆自己战胜了这些难以逾越的障碍，他想象着所有的困难都过去了，就派信使去见他的哥哥汉尼拔，告诉他他已经翻过了大山，正日夜兼程赶来助他一臂之力。

此时当值的两名执政官，一位是耐如，另一位是利维乌斯。他们每人被指派了特定的行省，和特定的军队来保卫它，正如罗马执政官通常会做的那样，而且法律严格规定，没有罗马立法机构的许可，无论有着怎样的借口，他们都不得离开各自的行省。这一次，利维乌斯被派到了意大利北方，而耐如去了南方。因此，迎战从阿尔卑斯山脉下来的哈斯德鲁巴的任务就被移交给了利维乌斯，耐如则留在汉尼拔附近，破坏他的计划，阻挠他进军，如果有可能，就战胜并消灭他，而他的同僚阻止汉尼拔接收到预期从西班牙赶来的援军。

事情发展到这一步，哈斯德鲁巴派出的使者，在把信安全送到汉尼拔手里之前，对两位执政官保持高度的警惕，以免被他们抓住。他们的确成功地穿过了利维乌斯的防区，却不幸被耐如截获。抓住这些信使的巡逻队员把他们带到了耐如的营帐,耐如打开信看了,里面详尽地陈述了哈斯德鲁巴所有的计划和安排,这让耐如觉得,既然从截获的信件中知晓了哈斯德鲁巴的计划,如果他能立刻率领大军赶往北方,或许能帮助利维乌斯打败哈斯德鲁巴;反之,如果他对利维乌斯不管不顾,不告知其实情,他担心哈斯德鲁巴会成功地穿过利维乌斯的防线,最终与汉尼拔合兵

哈斯德鲁巴统治西班牙时发行的银币。图为哈斯德鲁巴的头像

一处。在这样的形势下,他自然急于去北边给予利维乌斯必要的帮助,但法律严格规定,没有罗马的授权,他不得离开自己的行省进入同僚的地盘,但时间紧迫,根本来不及征得罗马的同意。

军纪法规公正严明,理论上来讲,无人敢违。无论级别和军衔如何,所有军官和士兵,都必须服从上级的命令,而不必在意后果,不得以任何借口违反纪律。事实上,命令一旦发出,接受命令者就必须停止一切评判与辨别,这才是军队服从与高效的精髓,一位杰出的将领或一个优秀的政府,通常更喜欢严格服从命令可能会带来的害处,而不是未经同意,违抗命令而带来的好处。这是一条很好的原则,不光是在战争中,而是在所有需要人们行动一致,并保证行动效率的社会生活中都是如此。

然而,也有例外——比如不可避免的情况如此紧急、能够获得的好处如此巨大、牵扯到的利害关系如此重大、成功如此有把握,以至指挥官会决定抗命并负责。然而,责任非常重大,承担责任是极端危险的,招致危险的人可能会让自己遭受最为严厉的惩罚,除非有证据能明白无误地证明他的抗命有极具说服力的必要性,还有,取得了最为辉煌的胜利,否则什么也救不了他。

英国历史上曾经发生过这样一个故事:有一位效力于英国女王的海军指挥官,在海上的一次紧急事件中,违抗了上级的命令,如此竟取得了重大的胜利,而后他立即负

第十章 西庇阿

荆请罪,并作为被控告犯罪的囚犯回到港口,而不是作为欢庆胜利的指挥官。他向女王的法官自首,并请法官带话给女王:他很清楚自己违抗军令唯有一死,但是只要能效力于女王陛下,他愿意牺牲自己的生命。

经过焦急的深思熟虑,耐如认为他所处的这一紧急情况,要求他负起抗命的责任;但是他不敢率领所有的军队去北方,因为那会让整个意大利南部任凭汉尼拔摆布。因此,他就从所有四万大军中挑选了七八千战斗力最强、最值得信赖的官兵;这些人不管是在急行军时忍受疲劳的耐力,还是最后在迎战哈斯德鲁巴时所需的勇气和力量,都是他最能依靠的。当他截获哈斯德鲁巴的信件时,他占据着一个宽广敞亮,地势优越的营盘,他把它扩建并加固,这样汉尼拔就不会怀疑他会减少里面的兵力。迅速地做完这一切,以便在他获取了促使他行动的情报的几小时后,能趁着夜色秘密出发,一队六千或八千人马,竟没有一个人知道他们要去哪里。

他以最快的速度向北急行军,当他到达北方省份,他设法秘密地进入利维乌斯的大营,正如他秘密地走出自己的大营一样。这样,两支大军,需要增援的一方,以减少另一方为代价,得到了大大的加强,而迦太基的两位将领对这一变化竟未觉察。

得到这么及时的增援让利维乌斯很是高兴,他建议让新到的官兵们在营房里静静地待一会儿,以便从疲劳的急行军中恢复体力,但是耐如反对这一计划,建议立刻投入战斗，他了解他带来的这些人的性格，此外，他不想因为自己离开太久而让自己在意大利南方的大营冒任何风险。因此，最后决定立刻攻打哈斯德鲁巴，战斗的信号业已发出。

利维乌斯自己未必不能打败哈斯德鲁巴，但有了耐如带来的援军，让罗马军队总体更加强大。除此之外，从哈斯德鲁巴所处的战斗前哨的位置，根据他那警觉的眼睛观察到的迹象，他感觉到有一部分攻打他的军队来自南方，他由此推断汉尼拔已经被打败，正因为如此，罗马军队才会联合起来，排兵布阵与他对抗。他因此变得灰心丧气，不久便下令撤退。他遭到多路罗马军队的追击，迦太基撤退的队伍很快就混乱不堪。他们在河流和湖泊之间不辨东西，因为给大军带路的向导们，看到哈斯德鲁巴大势已去，就弃他们于不顾，各自飞奔逃命而去。迦太基人很快被堵在一个无法防守，又难以逃脱的地方，罗马人毫不留情，他们继续砍杀这些可怜而绝望的受害者们，直到整支大军几乎全军覆没。他们割下了哈斯德鲁巴的头颅，战斗结束后的当天晚上，耐如就带着这颗头颅，耀武扬威地回到了自己的大营。回到营地后，他派了一队骑兵，将哈斯德鲁巴的头颅，他那恐怖的战利品，扔进了汉尼拔的大营。

痛失军队，同时也失去了它所带来的全部希望，汉尼拔沉浸在无以复加的失望与悲痛中。"我命已定，"汉尼拔仰天长叹，"大势去矣！再无捷报传回迦太基，失去哈斯德鲁巴，我最后一线希望亦不复存焉！"

第十章 西庇阿

当汉尼拔在意大利孤立无援，每况愈下的时候，罗马军队却在其盟友的帮助下，在罗马元老院指派的不同将领的指挥下，在世界各地与迦太基人的对抗中，不断地收复失地。罗马军队节节胜利的消息一个接一个地传回意大利，让罗马人大受鼓舞，却让汉尼拔和他的军队，以及他的盟友灰心丧气，情绪低落。西庇阿是在国外统兵的众多将领之一，他的行省是西班牙。从他的军中传回的消息越来越令人激动，因为他连战连捷，直到整个西班牙都似乎要臣服于他；他战胜了一个个迦太基将军，直到他一路势如破竹，包围并攻克新迦太基，至此，罗马政权在西班牙全境奠定。

随后，西庇阿班师回朝，罗马人兴高采烈地欢迎他凯旋。下一届大选，他们选他作执政官。分配行省的时候，西西里归了他，如果他愿意，可以渡海进入非洲；而在意大利更直接地与汉尼拔交战的任务，被移交给了另一位执政官。西庇阿征集军队，装备舰队，起航驶向西西里岛。

他一到达自己的行省所做的第一件事就是远征非洲本土。正如他希望的那样，他不能进军意大利南方直接面对汉尼拔，因为这是分给他同僚的任务，但是他能入侵非洲，甚至威胁迦太基古城，他那勇敢狂放的性格，决定了他一定会这么做。

他的所有计划都大获全胜。他的军队饱含激情，激励着他们的指挥官；他们对成功充满了信心，像在西班牙那样奋勇前进，所向披靡；他们攻城略省，打败并击退迦太基组织起来对抗他们的所有军队；最后，正如汉尼拔的胜利进军在罗马引起恐慌一样，迦太基的大街小巷、商户民宅引起了同样的恐慌。

现在轮到迦太基人陷入绝望了，他们派大使向西庇阿乞求和平，并问他在什么条件下他才会停战并撤出迦太基。西庇阿回答道，他无权议和，这得看他所效忠的罗马元老院的意思。然而，他明确提出了他愿意向元老院提议的特定的条款，如果迦太基人同意的话，他会给他们提供一个停战协议，也就是说，在得到罗马元老院的答复之前，暂时中止敌对行动。

迦太基人同意了这些极其苛刻的条款。罗马人说迦太基人并非真的想要遵守，而是采用了缓兵之计，暂且答应以获得时间派人去请汉尼拔。他们对汉尼拔的物资储备和军事实力自信满满，认为只要他回到非洲，就能拯救他们。因此，他们一边派大使去罗马假意议和，一边派人去汉尼拔处，命令他放弃意大利，尽快率军坐船回家，如果还来得及的话，回来拯救他自己的城市免遭灭顶之灾。

当汉尼拔听到这些消息，他万念俱灰，肝胆欲裂。他常常数小时激动不安；有时又心事重重，沉默不语，间或发出几声绝望的呻吟；有时又会因为懊恼的情绪而愤怒地高声咒骂。然而他又无法抗命，就日夜兼程赶回了迦太基，与此同时，罗马元老院就西庇阿提交给他们的是战是和的问题并未做出决议，而是把它推回给他。他们派使者到西庇阿处，授权他全权处理，自己决定是战是和，如果停战，条件也由他定。

汉尼拔在迦太基招募了一支大军，加上与西庇阿交战后剩下的残兵败将，率领着这些军队出去迎敌。他行军五日，此去迦太基或许七十五英里，或许一百英里，终于望到西庇阿的大营。他派间谍前去侦察，不料却被西庇阿的巡逻队抓住，扭送到了将军的营帐．他们以为会被处决，但西庇阿并未惩罚他们，而是命人带领他们参观他的营地，还允许他们随心所欲地查看，然后释放他们，以便他们能带着所见所闻回到汉尼拔的营地。

当然，他们带回的关于西庇阿的军事实力和物资储备的报告，对于汉尼拔来说是无法战胜的，因此汉尼拔认为最好试着和谈而不是冒险战斗。因此他带话给西庇阿请求面谈，西庇阿答应了，面谈的地点就定在两个军营之间。两位将军适时地来到见面地点，那场面真是盛况空前：仪仗扈从，前呼后拥；车乘相衔，旌旗招展。他们是那一时代最伟大的两位将军，率领大军交战十五或二十年，丰功伟业誉满天下。然而他们的活动范围却天南地北，遥不可及，现在是他们平生第一次面对面相见。两个久闻大名却素昧平生的对手乍一见面，相互介绍之后，呆呆地站在原地，带着强烈的好奇心，一声不吭地打量着对方。

然而，谈判终于开始了，汉尼拔向西庇阿提出了对罗马人非常有利的和谈条件，但西庇阿并不满意，他要求的远比汉尼拔所能给予的更多,经过漫长而徒劳的谈判,结果是两位将军各自回营,准备战斗。

在战争中,接连获胜的通常更容易继续获胜,很大程度上有赖于预期的敌人对战斗的期待。西庇阿和他的军队期待胜利,而迦太基人则预计会吃败仗。结果不出所料:当天战斗结束的时候,战场上的四万名迦太基将士或命丧黄泉,或奄奄一息;更多的被罗马人俘虏;其他的被打得七零八落,晕头转向,惊恐万状地沿着所有回迦太基的道路飞奔逃命。汉尼拔与余众回到迦太基,来到元老院,宣布战斗失利,并说他已无能为力。"曾经伴我左右的好运,"他说道,"永远地消失了,我们别无他法,只能与敌人以任何他们能想到的附加条件议和。"

第十一章

汉尼拔逃亡

精彩看点

汉尼拔被打败——和平的追求——野心勃勃的征服者带来的危害——西庇阿节节胜利——西庇阿明确提出苛刻的和谈条件——迦太基元老院的争论——和谈条件被照办——交出战象与战舰——西庇阿烧毁迦太基舰队——旁观者的心情——西庇阿乘船回罗马——汉尼拔在迦太基的身份和地位——罗马的命令——汉尼拔的屈辱——叙利亚和腓尼基——安条克国王——汉尼拔与安条克的阴谋——罗马使团的到来——汉尼拔逃亡——塞西纳岛——汉尼拔的计谋——他乘船去叙利亚——迦太基群情激愤——汉尼拔安全到达以弗所——迦太基代表团——汉尼拔不可战胜的精神——汉尼拔派使者秘密回迦太基——布告——罗马专员——西庇阿与汉尼拔会谈——汉尼拔对亚历山大大帝和皮洛士国王的看法——趣闻轶事——汉尼拔的努力白费——安条克同意把汉尼拔引渡给罗马人——汉尼拔的金银珠宝——汉尼拔悲惨的遭遇——一剂毒药——汉尼拔逃亡失败——他服毒自杀

第十一章 汉尼拔逃亡

汉尼拔的一生就像四月的一天,早晨万里晴空,阳光明媚;傍晚乌云满天,风雨如晦。尽管十五年来,罗马人找不出能与他匹敌的将领,但西庇阿最终还是打败了他,结束了他所有辉煌的战绩,正如汉诺预言的那样,只会让他的国家陷入比以往更糟的境地。

事实上,只要迦太基人把精力投入有用的行业,以及对商业与和平的追求上,他们就能繁荣昌盛,年复一年地积累财富,扩大影响,获得荣耀。他们的船舶去往世界各地,处处受到欢迎,地中海的所有海岸,都留下了迦太基商人的脚印。迦太基人用特定的方式名利双收的同时,也让许多国家和部落的人们生活得更加舒适幸福。如果没有渴望建功立业的军旅英雄的出现,这样的生活可能会延续好几个世纪。这其中,首屈一指的英雄之一,当属汉尼拔的父亲,他首克西班牙,侵入罗马的势力范围;他将自己心中燃烧的仇恨与野心,极力灌输到汉尼拔的心里。多年以来,他们带领国人采取的策略是非常成功的。他们从全世界有益的、受欢迎的访客,变成了一部分地区的主人和祸害。只要汉尼拔比任何能与之抗衡的罗马将军都更杰出，他就会继续战斗，但最后，西庇阿后生可畏，他比汉尼拔更加卓越。随后，形势急转直下，半个世纪打下的江山，被罗马人用自己曾经遭受过的同样的暴力、喋血与痛苦夺走。

我们已经详细描述过了汉尼拔在攻城略地时建立的丰功伟绩，而西庇阿收复失地，重整山河却被一笔带过，因为我们要讲的是汉尼拔的历史，而不是西庇阿的。西庇阿建功立业的过程还要更慢，花费了很长一段时间。他在坎尼战役时仅有十八岁，之后不久，他的战斗就开始了。他在而立之年当选为执政官，紧接着便去了非洲。如此，他花了十五年或十八年，才荡平汉尼拔建立的权力的上层建筑。这些年中，他在远离汉尼拔和迦太基的地方开疆拓土，似乎要把这位大将军和这座大城市留到最后。然而，他的事业蒸蒸日上，以至最后当他剑指迦太基时，除了这座孤城，迦太基人便一无所有了。其政权仅剩一个空壳，无效而徒劳，只需最后致命的一击，便会土崩瓦解。事实上，迄今为止，迦太基的资源已经耗尽，这座大城市，当它受到威胁的时候，不得不召唤其大将军回来援助，这反倒让西庇阿一箭双雕，既打败了汉尼拔，又夺取了迦太基。

然而，迄今为止，西庇阿并未真的打算毁掉他们，他饶了汉尼拔的性命，允许迦太基依然独立；但他明确提出的和谈条件如此苛刻，永远彻底地终结了迦太基的统治权。

第十一章 汉尼拔逃亡

依据这些条件，迦太基国被允许继续独立自主，甚至保留其政府战前在非洲的领土，但所有在国外的领地都被夺走，甚至包括在非洲别国占领的土地，他们的管辖范围被极其严格地加以限制或剥夺。除了十艘三组桨的小船，他们的整个海军将拱手让给罗马人。他们可以保留这十艘小船，因为西庇阿认为其政府在民政方面可能需要。西庇阿没说他会怎样处置舰队剩下的战舰：它将无条件地向他投降。他们的战象也将悉数交出，并不得再训练其他战象；除了非洲，大象将不得作为战斗力量出现在世界上任何地区。另外，除非提前告知罗马人，并征得他们的同意，否则他们也不得在非洲开战。此外，他们每年还得给罗马进贡大量的贡品，连续进贡十五年。

迦太基元老院在商讨这些苛刻的条款时，痛苦而又迷惘。汉尼拔支持接受它们，其他人则表示反对。他们认为，把战事继续拖延下去虽然无望，也比屈服于这些耻辱的致命的条约强。

汉尼拔出席了这些讨论，但他发现，自己现在的地位，与三十年来作为得胜的大军统帅时的地位有所不同了。他已经习惯了独揽大权，掌控全局。在他的军事委员会上，除非应他邀请，否则没人发言，除了他爱听的，其他观点都不能表达。而在迦太基元老院，他发现情况截然不同。在那里，人们畅所欲言，平等辩论，汉尼拔置身其中，只能算作一分子。但他长久以来已经习以为常的颐指气使、发号施令的精神依然存在，这种矛盾让他极不耐烦，很不自在。事实上，当一个发言者在元老院站起来谴责汉尼拔并反对他的观点时，他试图把他拖下来并用武力让他闭嘴。这一举动立刻引起与会人员的不满和不悦，也清楚地表明他一手遮天的时代已经过去。然而，他很快恢复理智，为迄今为止忘记了自己新职位的职责而表示遗憾，并宽宏大度地致歉。

迦太基人最终决定答应西庇阿的和谈条件，赔付了第一批贡品，大象和战舰也投降了。几天后，西庇阿宣布他决定不把这些战舰带走，而要当场销毁。或许是因为很难为这些船舶配备水手，所以他认为它们对罗马人并无大用。当然，没有水手的船舶毫无用处，当代许多国家，可以不费吹灰之力建立一支海军，他们之所以没有这么做，正是因为他们的人口数量无法为军舰配备足够的水手并驾驭它们。或许，这只是西庇阿决定不带走这些战舰的部分原因，或许他还想向迦太基以及全世界表明，他占有敌国的财产并非想要通过掠夺而丰富自己的国家，而仅仅是通过远征剥夺野心勃勃的军队的权力，从而让人类有更加持久的和平与幸福的生活。无论出于何种原因，西庇阿决定毁掉迦太基舰队，而不带走。

因此，在特定的一天，他命令所有的战舰都集中在迦太基对面的海湾里，等待焚毁。总共有五百艘，以至构成了很大的一支舰队，覆盖了浩瀚无边的水域。岸边挤满了黑压压的人群，等着观看这场冲天大火。这一壮观的场面本身就会让人激动不已，而迦太基人心中激荡的深深的、压抑的仇恨让他们此时的心情更加激动。当罗马人从岸边的军营凝望着这场大火，他们也激动不已，尽管心境已大不同。当他们看到，宣告迦太基人的骄傲与权力不可挽回地毁于一旦的熊熊大火，和从海上升起的浓浓烟柱时，他们的脸上洋溢着胜利与喜悦的神情。

就这样，圆满完成了自己的工作之后，西庇阿坐船回到罗马。意大利举国上下都在传颂着他如此这般摧毁汉尼拔的权势的丰功伟绩，罗马城现在再也不用害怕他的强敌，他被解除了武装，无助地限制在自己的国家里，他出现在意大利所引起的恐惧永远地成了历史。全体罗马人还记得这座古城过去常常会经受的恐惧和慌乱的可怕场景，都把西庇阿看成伟大的救星，他们热切地欢迎并接待凯旋的他。当他离罗马越来越近，人群涌出城门前去迎接他，当局还组织市民列队欢迎，他们带来了花冠、花环和鲜花，用经久不息、雷鸣般的胜利和喜悦的欢呼，向他的到来表示致敬。他们赋予他"阿弗利卡纳斯"的名号，以纪念他的胜利。这是一种新的荣誉——给予一名征服者一个他所征服的国家的名字，它作为西庇阿——将罗马帝国从水深火热、亡国灭种的危险中解救出来的大救星——的奖励而被特别发明出来。

尽管落败了，汉尼拔在迦太基依然保留着他过去的部分权力，他以前的丰功伟绩依然赋予他某种光环，这使他得到普遍的尊敬，他在达官显贵中依然有朋友，他位居高官，施加影响，管理和促进国内事务。然而，他在这些努力中并不是很成功。历史学家们说，他旨在实现的目标是好的，实现目标的手段和措施本身也是审慎而明智的，但是，由于他习惯了军队指挥官那一套权威的、独断的行事方式，他发现做事很难小心谨慎，克制忍耐，尊重他人的意见，而这正是有影响力的人在处理迦太基内部事务时必备的素养。因此他树敌众多，他们尽一切可能，想方设法地，通过阴谋诡计和公开对抗，意欲置他于死地。

　　西庇阿回罗马后不久发生的一件事，也极大地打击并伤害了他的自豪感。那时迦太基与一个相邻的非洲部落发生了战事，汉尼拔率领为此在城里组建的军队，出去继续作战。罗马人小心地在迦太基安插了耳目，这样他们就能对发生的一切了如指掌，听到这件事，他们传话到迦太基，警告迦太基人这么做有违和约，是不允许的。迦太基政府不想招致西庇阿再次"造访"，就传令汉尼拔弃战回城。汉尼拔被迫屈服；但是，多年以来，一如从前他已经习惯了蔑视罗马竭尽全力组织起来对抗他的一切军队和舰队。对他这样的一个人物来说，现在发现一句话就能阻止并战胜他，一定很难咽下这口恶气。他们所能指挥用以对抗他的所有军队，甚至在他们自己的城门口，都曾无能为力，拿汉尼拔一点儿办法都没有，而今，仅仅是大洋彼岸传来

第十一章 汉尼拔逃亡

的一条信息和威胁,就能在遥远的非洲沙漠里把他找到,一眨眼的工夫,就夺去了他所有的权力。

多年以后,尽管汉尼拔表面上屈从命运,内心却焦躁不安,很不自在。他的精神现在受到憎恨和野心的双重刺激,他总是在忙碌地,徒劳地谋划,试图发现可与宿敌再次开战的契机。

大家还记得,迦太基起初是地中海东岸的提尔城的一个商业殖民地。叙利亚和腓尼基这两个国家紧邻提尔城,它们都是强大的商业区;一直与迦太基保持着友好的关系,船舶你来我往,络绎不绝;当一方遇到天灾人祸,居民们就会自然而然地到对方那里去避难和寻求保护。迦太基把腓尼基看成自己的母亲,腓尼基把迦太基看成自己的孩子。这一时期,统治叙利亚和腓尼基的强大的君主叫安条克[①],其首都在大马士革。他很富有,也很强大,与罗马人产生了纠纷。罗马人的征服行动,慢慢向东延伸,接近了安条克的领土的边界,两国因此被推向了战争的边缘。

事情发展到这一步,汉尼拔在迦太基的敌人送信给罗马元老院,说他正与安条克协商,并阴谋联合叙利亚和迦太基军队,共同对付他们罗马人,这样一来,就让世界陷入又一场全面战争。因此,罗马人决定派使团面见迦太基政府,并要求罢免汉尼拔的职务,把他作为囚犯引渡给罗马,以便他能因为这次控告而受到审判。

---

① 这里是指安条克三世。——译者注

安条克三世

第十一章 汉尼拔逃亡

虽然这些大使来到迦太基,但对自己此行的目的守口如瓶,因为他们心里明镜似的,如果汉尼拔对此起了疑心,他可能会在迦太基元老院决定是否引渡他之前就逃之夭夭。然而,汉尼拔对他们极度警惕,小心提防。他设法了解到他们的意图,立刻决定逃亡。他知道,自己在迦太基的敌人多如牛毛,又很强大,对他的憎恨也在不断增加,因此,他不敢相信元老院的讨论结果,只能下定决心逃亡。

他在海边有一座小小的城堡或塔楼,在迦太基东南大约一百五十英里的地方。他往那里送了一封加急信件,命人准备一艘船送他去海上。他还安排骑兵,夜幕降临的时候,在一个城门口待命。白天,他在大街上自由自在地、若无其事地走动,显出一副心情很放松的样子,这让监视他一举一动的罗马大使觉得他不会策划出逃。然而,到那天快要结束的时候,他悠闲地走回家,立刻为行程做准备。天一黑他就去了城门,跨上为他准备的马匹,穿过田野,向他的城堡飞奔。在那里,看到了他命人准备的船舶,然后登船启航。

离岸不远有一个叫赛西纳的小岛,汉尼拔在离开塔楼的同一天到了这里。这里有个港湾,商船习惯停靠在这里。他在港口看到了几条腓尼基船舶,有的一定会去迦太基。汉尼拔的到来引起了强烈的轰动,为了解释自己出现在他们面前的原因,他说他要代表迦太基政府出使提尔。

他现在担心,这些船舶中,某些打算起航去迦太基的船舶可能会带回他在赛西纳岛出现过的消息，为了以防万一，他用性格中的狡猾，制定了如下计划：他派人去见港口所有的船主，邀请他们参加他将要举办的一个娱乐活动，同时，请他们将船上的主帆借给他，做成一个大大的帆布遮篷，这样客人们就不会被夜露打湿。船主们急于见证并享受汉尼拔承诺给他们的轻松愉快的场面，就接受了邀请，并命人解下主帆。当然，这会把所有船舶都禁锢在港口内。傍晚，在岸上，客人们聚集在用帆布做成的大篷下，汉尼拔接见了他们，并和他们待了一会儿。然而，到了夜里，当他们全都狂欢痛饮的时候，他却悄悄上船起航，当船主们从沉沉的、持续的宿醉中醒来，再次将主帆挂上桅杆，汉尼拔已经遥不可及，在去往叙利亚的路上了。

　　同时，他离开的第二天，便不见了踪影，这个消息让迦太基全城上下群情激愤。他家门前人山人海，挤得水泄不通。解释他失踪的谣言四起，各种奇谈怪论口口相传，但都自相矛盾，不大可能，只会让人们更为激动。这种激动一直持续到从赛西纳出发的商船抵达迦太基，真相这才大白于天下。然而这一次，汉尼拔已经安全无虞，想要追上他的人只能鞭长莫及，望洋兴叹。就表面上看，汉尼拔乘风破浪，向着提尔奋勇前进，但他的内心里却感到沮丧哀伤。他安全抵达提尔，受到了友好的接待，几天后他去了内地，几经辗转到达以弗所，在那儿他见到了叙利亚国王安条克。

第十一章 汉尼拔逃亡

汉尼拔逃跑的消息在迦太基一传开，市民们立刻开始担心罗马人会认为他们应该对此负责，担心他们会因此招致罗马人新的敌对行动。为了避免这一危险，他们马上派代表团去罗马，告知汉尼拔逃跑的事实，表达他们对此感到的遗憾，以此取悦可怕的敌人，拯救自己。乍看上去，迦太基人在他们的将军背运的时候这样遗弃他，还与敌人联手对抗他，似乎非常卑鄙偏狭，忘恩负义，毕竟他这次攻打非洲邻国，让罗马人不痛快。他这样做仅仅是为了服务于迦太基，并执行迦太基人的命令。迦太基人的这种行为如果是一人在两种情况下所为，那么不光会被看作是卑鄙偏狭，而且言行极度不一。但事实并非如此。现在反对汉尼拔的计划的人和势力从一开始就一直在反对，只是只要汉尼拔能顺风顺水，左右逢源，他们就属于少数派，而他的支持者和朋友则掌控着迦太基的所有公共事务。但是，既然他的野心和对罗马版图、权力完全不合理的侵占已经酿成苦果，他的支持者就被推翻，权力重新回到了那些反对他的人手里，一旦他垮台，就落井下石，试图让他翻不了身。他们的行为，从政治的角度不管对错，本身是一致的，绝不能被看作是背信弃义或忘恩负义。

有人可能会认为，现在，汉尼拔与强敌罗马再次开战的所有希望和期待最后全都化成了泡影，认为从今以后，他会放弃与罗马的激烈的敌对行动；甘愿寻求避难，安度晚年；经过如此危险的逃亡生涯，将满足于保护自己不受敌人的报复。但像他这样的不可战胜的毅力和精力是很难克制的，他还没有想过要向命运低头。一旦他发现自己站在安条克的宫殿里，他又开始制定与罗马开战的新的计划。他建议这位国王建立一支海军，由他指挥。他说，如果安条克给他一千艘船，一万或一万两千人马，他将亲自率领远征。他确信他能收复失地，再次打败他那令人生畏的宿敌。在他的新计划中，他说他将首先率领这支军队回迦太基，得到同胞的资助与合作，然后就挥师南下意大利，毫无疑问，他很快将重获他在那里曾经拥有的优势。

安条克三世金币

第十一章 汉尼拔逃亡

汉尼拔率领叙利亚军队先回迦太基的计划，显然是想把那里的敌人赶下台，让他的支持者和亲友团重掌大权。为了为此彻底铺平道路，当他还在与安条克谈判的时候，就秘密派了一位信使回迦太基，告诉朋友们他开始拥有的新希望，和他已经形成的新计划。他知道迦太基的敌人们会密切关注这样的交往，因此，他没有写信，没有留下任何可以证明他与安条克密谋联手对付罗马的书面材料，然而，他将计划和盘托出，详尽地解释给信使，仔细指导他按照他的方式与他们取得联系。

实际上，迦太基当局非常警觉地监视着他，他们的间谍带来了这个陌生人到达迦太基的情报，他们立刻采取措施抓捕他。信使自己也和敌人一样警觉，他在城里秘密的潜藏地得到了这一情报，就立刻决定逃离。但是，他首先准备了一些纸和布告，把它们张贴在公共场所，上面写上汉尼拔根本不承认自己最终被打败了，相反，他正在制定新的计划，把迦太基的敌人赶下台，恢复他以前在那里的优势；并将再次在罗马境内点燃战火，大动干戈；同时，他还敦促汉尼拔在迦太基的朋友们要忠诚于他的事业。

贴完布告后，这名信使从迦太基连夜逃走，回到汉尼拔身边。当然，这件事让迦太基的人们无比激动，它引起了汉尼拔敌人的愤怒与憎恨，也唤醒了他朋友们内心新的希望与勇气。然而，除此之外，它并没有产生立竿见影的效果。汉尼拔的反对者在迦太基的权力根深蒂固，很难撼动。他们送信给罗马，告知罗马汉尼拔派使者回了迦太基，以及使者的所作所为，然后一切又恢复了平静。

与此同时，当罗马人了解到汉尼拔的去向，他们派了两三名专员去那里，就叙利亚的目的和计划，与其政府进行了磋商，并监视汉尼拔的动向。据说西庇阿本人也在此行的使团当中，他在以弗所也的确见到了汉尼拔，并与他有过几次面谈。某一古代史学家对这些会面中的一次，进行了特别的记述，正如在如此杰出的两位将领之间，话题往往会自然而然地转向军人的伟大和荣耀。西庇阿问汉尼拔，谁是有史以来最伟大的军旅英雄，汉尼拔把象征胜利的棕榈叶给了亚历山大大帝，因为他带领相对较少的马其顿军队，孤军深入，克敌制胜，让幅员如此辽阔的帝国处于他的统治之下。西庇阿接着问他，亚历山大之后，谁位居第二，他说是皮洛士。皮洛士是希腊人，曾横渡亚得里亚海对罗马作战，并大获全胜。汉尼拔说他之所以认为皮洛士位居第二，是因为他完善了战争艺术，并把它系统化，还因为他比有史以来的任何将领都更有能力激发全体将士的士气，甚至受到被征服国的人民的爱戴和依恋。西庇阿又问汉尼拔，谁排名第三，他回答道，第三的头衔他将留给自己。"并且，如果我打败西庇阿，"他补充道，"我会认为自己一马当先，独占鳌头，位于亚历山大、皮洛士和全世界的将领之上。"

人们饶有兴致地讲述着汉尼拔首次出现在叙利亚时的

皮洛士

各种轶闻趣事，所有这些表明人们对他仰慕至深，顶礼膜拜，他所到之处，万人瞩目，人人都想一睹他的风采。有一次，碰巧有一位自负的演说家，对战争一知半解，仅从自己的理论推测出发，在汉尼拔出席的一个集会上高谈阔论，他倒是很高兴有机会在这样一位杰出的听众面前展示他的能力，殊不知这正是班门弄斧。演讲结束后，人们问汉尼拔做何感想，他回答道："我在有生之年听说过很多老糊涂，但这一位，说实话，是所有老糊涂中的极品。"

尽管汉尼拔坚持不懈，想方设法地想要再次攻打罗马，但他还是失败了。他孜孜不倦，尽管安条克国王有时会鼓起他的希望，但是仅此而已，再别无行动。他在这里待了十年，不断努力实现自己的目标，但每年他都会发现自己离目标的实现渐行渐远。他鸿运当头、兴旺发达的日子显然已经一去不复返。他的计划全部落空，他的影响日益减小，他的名望迅速消解。最后，经过与罗马漫长而徒劳的抗争，安条克与他们签订了停战协议，其中有一条，就是同意将汉尼拔引渡给他们监管。

汉尼拔决定逃亡，他选择克里特岛作为避难所。他发现自己不能再留在这里，但随身携带了大量的金银珠宝，当他再次准备离开克里特岛时，却对这些宝贝放心不下，因为他有理由担心，克里特人对这些财宝垂涎欲滴，图谋不轨。那么，他必须如此这般地设计将它们带走：

他给很多陶罐中装上铅，顶上覆以金银，小心翼翼地

第十一章 汉尼拔逃亡

把这些罐子搬到戴安娜神庙——一座神圣而又雄伟的建筑,把它们寄存在那里,由克里特人进行特殊的监管,如他所言,他把所有的"财宝"都托付给了他们。他们接收了这些假的寄存物,诺诺连声地发誓,一定会保护它们安全无虞,然后,汉尼拔把真金白银藏在中空的铜像里,把它们当作廉价的艺术品带在身边,竟然没有引起别人丝毫怀疑,安然离开了。

汉尼拔从这个国家逃到那个国家,从这个省逃到那个省,直到生命变成了令人痛苦的负担。罗马元老院对他的仇恨如影随形,他们坚决要毁灭他。焦虑和恐惧不断地折磨着他,舒适与平静的生活已经成了不可企及的梦想。他的内心因为对过去痛苦的回忆,以及对更加可怕的未来的预知而倍受煎熬。他早年让难平他心头之恨的人们承受了最为可怕的伤痛,尽管他们从未伤害过他,而如今,烈士暮年,反倒要承受同样的恐惧和苦难所带来的压力,这真是命运的安排呀!他曾经残害过罗马人,而罗马人现在对他也毫不留情,或许因为掺杂了憎恨与报复而对他更为残忍,真是一报还一报啊!

最后,当汉尼拔发现罗马人步步紧逼,对他的包围圈越来越小,他最终落入敌手的危险也在增加,就准备了一剂毒药,随时准备自我了断,绝不向敌人屈服。那一刻终于来了,这位可怜的逃亡者当时在小亚细亚地区的一个王国卑斯尼亚,其国王给他提供了一段时间的保护,但最终同意将他引渡给罗马人。汉尼拔听说后，准备逃亡。但在试图逃跑的时候，他发现他住的宫殿的所有出口，甚至他特意为出逃准备的秘密通道，也被人占领并把守。因此，看来逃跑无望，汉尼拔回到居所，派人去取毒药。他现在已年近古稀，被漫长的焦虑和苦难折磨得筋疲力尽，他早已视死如归。他喝下了毒药，几个时辰之后，就停止了呼吸。

第十二章

迦太基的灭亡

精彩看点

灭亡——第三次布匿战争——三次布匿战争的年表——三次布匿战争的特征——三次布匿战争的间隔——仇恨与争议——努米底亚——努米底亚骑兵——马西尼萨——罗马和迦太基的党派——他们的分歧——马西尼萨备战——哈斯德鲁巴——迦太基宣战——汉尼拔与哈斯德鲁巴的相似之处——与马西尼萨的战斗——迦太基人战败——小西庇阿——战斗的旁观者——和平谈判——西庇阿被指定为仲裁人——哈斯德鲁巴投降——马西尼萨强加给他的条件——迦太基使团去罗马——他们的任务徒劳无功——再次派使团——罗马人宣战——和平谈判——罗马人要求人质——人质制度的残忍——大使回国——迦太基的恐慌——迦太基糟糕的形势——挑选人质——离别的时刻——离别的场面——悲伤与绝望——罗马军队前进——尤蒂卡投降——罗马人的要求——迦太基人服从——罗马人要求所有的军需物资——军需物资的数量极大——罗马人蛮不讲理的要求——迦太基将遭毁灭——人们的绝望——准备防御——哈斯德鲁巴——罗马舰队的毁灭——围城的恐怖——迦太基人的英勇——攻城器——试图毁掉它们——迦太基遭猛攻——殊死搏斗——人们退守城堡——迦太基城被纵火——哈斯德鲁巴的妻子——哈斯德鲁巴投降——城堡被纵火——哈斯德鲁巴妻子的憎恨与绝望——迦太基被毁——它的现状

第十二章 迦太基的灭亡

汉尼拔肆无忌惮的野心，以及蛮不讲理地入侵罗马以满足自己的野心，这种行为的后果并未因其个人的灭亡而终结。他点燃的战火继续燃烧，直到最后，导致迦太基不可挽回地彻底灭亡，该事件发生在第三次也是最后一次罗迦战争中，史称"第三次布匿战争"。正如历史记载的那样，这次战争以迦太基的彻底灭亡而告终，随着对这次战争的讲述，我们也将结束汉尼拔的历史。

大家还记得，汉尼拔亲自发动的对罗马的战争是第二次布匿战争，而使雷古卢斯的大名如雷贯耳的是第一次，我们现在要讲述的是第三次。通过下面的图表，读者就能清楚地了解这三次战争之间的时间关系：

布匿战争	日期	事件	持续时间
I	公元前264年	在西西里岛开战	24年
	公元前262年	地中海海战	
	公元前249年	雷古卢斯作为囚犯被送回罗马	
	公元前241年	和平协议达成	
和平持续24年			

	公元前 218 年	汉尼拔攻打萨贡托	
II	公元前 217 年	翻越阿尔卑斯山脉	17 年
	公元前 216 年	坎尼战役	
	公元前 205 年	被西庇阿打败	
	公元前 200 年	和平协议达成	
和平持续 54 年			
III	公元前 148 年	宣战	3 年
	公元前 145 年	迦太基灭亡	

如表所示，这三次布匿战争持续时间长达一百多年，战争持续的时间一次比一次短，但一次比一次更为激烈，更为拼命，而和平的间隔更为长久。这样，第一次布匿战争持续了二十四年，第二次大约十七年，第三次只有三四年。第一次和第二次战争之间相隔也是二十四年，而第二次和第三次之间和平长达五十多年。事实上，从某种程度而言，这种时间差异是由于意外情况导致的，而这些意外情况又导致了两国关系的破裂，但并不完全是由于这一原因。两国交战的状态持续越长，双方就更能体会到不和的恶果和影响，就更不愿意重新开始这可怕的博弈，然而，一旦他们再次开战，就会投入更多的精力，对敌人的仇恨也就更深，于是，战争间隔的时间越来越长。但一旦开战，持续时间反倒越来越短，冲突却越来越激烈，手段也越来越残忍。

我们说过，第二次布匿战争结束后，和平长达五十多年。当然，这期间，无论在罗马，还是在迦太基，一代代人成长起来，双方的后代都继承了被他们的先辈铭记在心的压抑的仇恨与憎恶。当然，只要汉尼拔还活着，在叙利亚继续他的密谋和计划，他就会不断激起罗马人对迦太基

第十二章 迦太基的灭亡

人的愤恨。迦太基政府的确拒绝对他的行为负责，并公开表明坚决反对他的计划，但罗马人自然心知肚明，这只是因为迦太基人认为汉尼拔不可能实施他的那些计划。罗马人不相信迦太基人的任何信用与诚实，自然也就不会有真正的和睦与持久的和平。

后来，又生出了另一起争议。通过查阅地图，读者会发现，在迦太基西边，有一个叫努米底亚的国家，该国宽约一百多英里，向内陆延伸了几百英里，富饶肥沃，有众多富强的大城市，其国民亦尚武，尤其是骑兵，名扬四海。古代史学家们说，他们过去常常不配鞍鞯和辔头，骑马进入战场，通过声音来引导并控制马儿，运用无穷的力量和

第二次布匿战争后努米底亚王国的疆界

精湛的技巧来保持坐姿。在对汉尼拔的战争的描述中，这些努米底亚骑兵经常被间接地提到，事实上，在那一时期所有的战争史中都被提到过。

在所有统治过努米底亚的国王中，有一位在第二次布匿战争中站在罗马人一边，他就是马西尼萨。他卷入了与一位名叫西法克斯的邻国国王的斗争中。当他，也就是马西尼萨，与罗马结盟的同时，西法克斯也加入了迦太基的阵营。两位首领都希望通过这种方式，从盟友那里得到帮助而打败对方。结果证明，马西尼萨的资助者是最强大的。

努米底亚的马西尼萨国王

第十二章 迦太基的灭亡

第二次布匿战争结束时,和平协议达成之后,马西尼萨的版图得到了扩大,他获准不受干扰地占有这些土地,并明文规定迦太基人不得以任何方式对其进行骚扰。

在像罗马和迦太基这样的共和国里,往往有两大党派为获得权力而相互斗争,双方都希望抓住一切机会反对并挫败对方,因此,几乎在对所有重大的公共事务进行决策时,他们总是意见相左。在罗马也有这样的两个党派,他们就应该对迦太基采取什么政策而观点不同,一方普遍支持和平,另一方则不断呼吁战争。同样,在迦太基也有着类似的争议,斗争的一方极力取悦罗马人,避免与之发生冲突,而另一方在罗马霸权的压迫下,感到极其焦躁不安,不断试图挑起对宿敌的仇恨情绪,似乎他们希望战争再次爆发。虽然后者不足以强大到让迦太基与罗马公开决裂,但他们最终却成功地使政府卷入与马西尼萨的争端,并派出军队与他交战。

如前所述,自从汉尼拔的战争结束后,五十年过去了。这期间,西庇阿——也就是打败汉尼拔的西庇阿,淡出了历史舞台。马西尼萨本人,虽然已过八十杖朝之年,却老当益壮,依然像青壮年时那样孔武有力,精力充沛,勇猛过人。他拉起一支队伍,像他的士兵那样,骑上光背马,跑前跑后地发布命令,慎重拟定并完善战斗计划。

此时的迦太基将军名叫哈斯德鲁巴,在迦太基这是一个非常普通的名字,尤其在汉尼拔的家人和朋友中。叫这个名字的人的父母，给他取这个名字是为了纪念汉尼拔的兄弟，那位从阿尔卑斯山脉下来，进入意大利，丢了脑袋的哈斯德鲁巴，因为在过去五十年的和平时光里，有足够的时间让一个在第二次布匿战争之后出生的孩子长大成人。无论如何，这位新的哈斯德鲁巴，继承了其同名前辈所具有的，对罗马根深蒂固的仇恨，他和他的党派设法在迦太基获得了暂时的优势，他们利用对权力的短暂占有，最终间接地重新发起了对罗马的战争。他们驱逐了政敌的领袖，组建了一支军队，由哈斯德鲁巴亲任统帅，雄赳赳气昂昂地前去攻打马西尼萨。

从某种程度上，这次与汉尼拔发动的对罗马的战争非常相似，都是先挑起与罗马盟友的争端。汉尼拔是在西班牙萨贡托，而哈斯德鲁巴是在非洲的努米底亚，但除了地理位置上的差异，似乎并无二致。哈斯德鲁巴很可能会认为，自己将干出一番辉煌的事业，也会和那位伟大的同名前辈一样名垂千古。

这两次战争还有一个相似之处，那就是，不管是汉尼拔，还是哈斯德鲁巴，在他们事业的起步阶段，在迦太基都有强敌反对他们。在当前这一事件中，反对遭到哈斯德鲁巴的粗暴镇压，反对方的领导被驱逐，但反对分子依然存在，随时做好准备，一旦哈斯德鲁巴遭难，或发生任何可能削弱他力量的事，他们就会立刻跳起来消灭他。因此，哈斯德鲁巴有两大敌人需要对抗：一个在战场上与他正面相对，另一个在他身后的城里，或许更难对付。

第十二章 迦太基的灭亡

然而，相似之处就这些，不同之处是汉尼拔在萨贡托打了胜仗，但哈斯德鲁巴在努米底亚战役中被彻底打败。双方进行了漫长的殊死搏斗，但迦太基人被迫屈服，最终乱哄哄地退回大营寻求庇护。一位站在附近小山上的罗马军官见证了这场战役，他一整天都兴致勃勃地俯瞰着这一场面。他就是西庇阿——小西庇阿，后来成为下面那场战争中可怕场景的主要演员。那时他是个杰出的罗马军官，在西班牙服役，受指挥官的委派前往非洲，从马西尼萨手中设法弄到一些大象为军队所用。为此他来到努米底亚，当马西尼萨与哈斯德鲁巴之间的战斗开始时，他正好在场，就留下来观战。

这个小西庇阿，从血缘上来讲，和大西庇阿没有一点儿关系，但他被大西庇阿的儿子收养，因此得名，并且成了大西庇阿的孙子。那个时候，在所有认识他的人当中有口皆碑，对他佩服有加，因为他精力充沛，聪明能干，还因为他的杀伐决断，刚毅果敢。在这次战斗中，他的身份特殊，几乎没有哪位指挥官曾有过和他一样的特殊身份，因为他本人原本隶属于罗马驻西班牙的军队，仅作为军队的使者被派到努米底亚。在这次战斗中，他是个中立者，恰当地来说，不能加入任何一方。因此，他只能站在山头，居高临下地看着这可怕的一幕，就像在观看专为满足他而安排的一场表演。他对此津津乐道，似乎很享受这样的机会，他说这样的事情过去只发生过两次，能让一位将军以这样的方式,俯瞰一个宏大的战场,见证战斗的整个过程,他自己就是一个冷静而公正的旁观者。战斗的场面让他感到极其兴奋,他特别提到了久经沙场的马西尼萨的外貌,他那时已经八十四岁高龄,整日骑着狂野的无鞍战马,跑前跑后,向大军发号施令,用语言鼓励他们,并身先士卒,用行动激励他们。

战斗一结束,哈斯德鲁巴就率军退回营地,坚守不出,而马西尼萨则率军追击并包围了他的营地,把插翅难逃的亡命者们围在垓心。发现自己危在旦夕,哈斯德鲁巴就派人去见马西尼萨,力求和平谈判,他还提议让西庇阿作双方的仲裁人或调解人,来达成协议。西庇阿不像是个不偏不倚的仲裁人,但哈斯德鲁巴仍然认为,他的干涉能为他提供一些保护,以免马西尼萨提出蛮不讲理的过分要求。然而这个计划并不成功,西庇阿提出的条件甚至让哈斯德鲁巴难以接受。他要求迦太基人割让一定面积的领土给马西尼萨,哈斯德鲁巴同意了;他们还得给马西尼萨赔付一大笔钱,他也同意了;此外,他们还允许哈斯德鲁巴被驱逐的政敌回到迦太基,他一旦失势,他的反对派自然会重新登上迦太基权力的宝座,这一条,哈斯德鲁巴不能同意。因此,他紧闭寨门,西庇阿放弃了进行调解的希望,带着为他提供的大象,横渡地中海,回到了西班牙。

不久,哈斯德鲁巴守在营里的军队,就弹尽粮绝,他被迫就马西尼萨提出的条件投降。他们虽然被释放,但大多数都死在回迦太基的路上。至于哈斯德鲁巴,虽然他到达了安全的地方,但他的党派的影响力却因为他吃了败仗而消失殆尽。他的那些被流放的政敌,依照协议被召回,反对党很快就大权在握了。

在新成立的元老院的统治下,迦太基人采取的第一条措施就是以叛国罪弹劾哈斯德鲁巴,因为他让国家陷入了困境;接着,他们郑重其事地派了一个代表团奔赴罗马,承认自己的国家所犯的错误,表示愿意把主犯哈斯德鲁巴交到他们手中,并询问罗马人还有什么要求。

与此同时,在这些使者到达之前,罗马人一直在商讨该怎么办。最强势的党派极力主张与迦太基反目并宣战,但还没有定论。最后,他们冷淡地接待了代表团,并未给他们直接的回复;他们说,至于迦太基人违反正式签署的协议条款,而与罗马的盟友交战,怎样才能让罗马人满意,这是迦太基人自己应该考虑的问题,对于这个问题,他们目前无话可说。迦太基的使者们带着这一答复回到了迦太基,自然引起了极大的不安与焦虑。

迦太基人现在心急如焚,竭尽全力地想要避免罗马人的仇恨可能会引发的危险,他们再次派使团去罗马,比上一次更为卑怯。然而,这个使团丛迦太基坐船出发时,对自己是否能完成使命感到希望渺茫。不过,他们被授权,只要能避免再起战祸,便可做出无条件的让步,接受任何条件。

但是罗马人获得了再次兵戎相见的借口，他们中那个强势的党派，现在决心借着这个机会，彻底灭掉迦太基政权。因此，第一个代表团回去后不久，罗马人便宣战，组建并装备了一支舰队和军队，出海远征。所以，当大使们到达罗马时，他们发现此行旨在避免的目标——战争，已经被宣告开始了。

　　然而罗马人还是接见了他们。代表们表达了，只要能停战，他们可以接受元老院提出的任何条件的意愿。元老院回答道，他们愿意与迦太基人签订协议，但后者必须向罗马投降，并保证，当罗马执政官率军抵达非洲后，他们必须服从他发布的任何命令；罗马人这边则保证迦太基人继续享有自由，保留领地和法律。然而，为了证明迦太基人签订和约的诚意，并保证他们未来能够服从，罗马人要求他们交出三百名人质，这些人质必须是迦太基的名门望族的男丁，或者高官显贵的儿孙。

　　大使们无计可施，只得考虑这些极其苛刻的条件。他们不知道执政官抵达非洲后，会给他们下达怎样的命令；他们被要求将整个共和国拱手相送；另外，在罗马人的保证中，他们的国土和法律将得到保护，但是，关于他们的城市、船舰、武器和战备物资，罗马人却只字未提。这个协议一旦执行，将会使迦太基共和国所有象征权力的东西任凭他们的主人——罗马人摆布，而这些东西，对于那时的国家而言是最为宝贵的。尽管如此，大使们还是得到了指示，无论条件多么苛刻，都要与罗马讲和。因此，尽管情非得已，他们还是勉为其难地答应了这些要求。对于这个协议，他们最不情愿的就是人质问题。

人质制度在古代很盛行，即一国政府将名门望族的孩子交与他国，作为其履行协议的保证，对于那些不得不忍受生离死别的人来说，这真是一种极其残忍的做法，但那时似乎没有其他更为有效的保证，能迫使那样不讲信用的强国遵守诺言。那时的母亲和现在的母亲一样爱子心切。由于尚武的国家的人民往往比较严厉粗鲁，当她们眼睁睁地看着孩子从自己身边被强行带走——这些孩子将长年累月地在陌生的国度里，在绝望的流放中，在敌人穷凶极恶的虐待里，在九死一生的危险中，为了所谓的政府的错误而遭到对方报复，并日渐憔悴——她们对孩子们遭受的痛苦就会感同身受。

当然，大使们知道，当他们带着这些条件回到迦太基，就等于带回了令人心情沉重的消息。事实上，当这一消息传回来时，整个城市陷入极度的悲痛之中。据说满城哭天喊地，悲声载道。母亲们感到自己即将承受丧亲之痛，捶胸顿足，披头散发，用各种方式表达她们无以复加的悲伤。她们乞求她们的父亲和丈夫，不要同意如此惨无人道的条款，她们不能，也不会放弃她们的孩子。

然而，父亲们和丈夫们不得不拒绝住这些乞求，他们现在不能违背罗马人的意志，他们的军队在与马西尼萨的战斗中可以说死亡殆尽,因此,他们的城市毫无防御能力。罗马军队已经抵达其在非洲的港口,军队已经登陆。显然,他们既不可能拯救自己,也无法让他们的城市免遭灭顶之灾,只能答应残酷的征服者强加给他们的条款。

人质被要求在三十天内送到西西里岛最西端的一个叫丽丽拜尔的港口。丽丽拜尔是西西里岛上距离迦太基最近的港口,海上距离大约一百英里。一艘罗马护卫舰将在那里迎接他们并把他们送回罗马。尽管迦太基人被许以三十天来挑选并送交人质,他们却不愿拖延时日,决定立即将伤心的孩子们送走,通过迅速的行动,向罗马元老院证明他们向罗马人俯首称臣的诚意。

布匿战争期间的丽丽拜尔

因此，城里每一个显赫的家庭都要选出一个孩子，总共三百名。读者不难想象那令人揪心的伤感场面，当严厉而无情的敕令传到他们每一个人面前，要求带走一位被深爱着的家庭成员，一定让这三百个家庭肝肠寸断。最后，当离别的时刻到来时，那场面真是让人愁肠百结，痛不欲生。可怜的人质们惶惑不安地站在那里，心中充满了恐惧与悲伤。他们即将离开他们钟爱的一切——他们的父母、他们的兄弟姊妹和他们的祖国——去往那未知的世界，被铁石心肠的士兵们看管，这些士兵眼见着他们的灾祸与苦恼，却不为所动，毫无半点儿恻隐之心。他们哀伤的母亲们流着眼泪，痛苦地呻吟，紧紧抱住即将从他们的怀中永远被拽走的孩子。因为母爱和难以抑制的悲伤，她们变得精神恍惚。他们的兄弟姊妹和发小玩伴站在一旁，有的情绪失控，悲痛欲绝，几近疯狂；有的垂手默立，黯然伤神，泪流满面；有的怒目而视，却一筹莫展，万念俱灰。而父亲们，他们的职责就是经历此情此景而不为所动。他们不安地来回走动，把悲伤深埋在心底，断断续续、语无伦次地相互安慰，最后，半是劝说半是强迫地帮着把孩子从母亲的怀抱中扯开，让他们登上即将送他们离开的船。船开了，慢慢地离开了岸边，母亲们目送他们远去，直到他们消失在远处的地平线上，才惆怅沮丧，孤苦伶仃地转身回家。生离死别的悲伤过后，接下来，迦太基人知道罗马军队已经上路，兵临城下就在眼前，他们不知自己将面临怎样的危险，遭到怎样的侮辱，因而感到忐忑不安，紧张焦虑的气氛弥漫全城。

罗马军队在尤蒂卡登陆，尤蒂卡是迦太基北边的一个大城市，相距不远，位于同一个海湾里。当尤蒂卡人发现罗马与迦太基之间风波又起，他们就预见到了战争的结局，因此，他们决定，为使自己免遭姊妹城显而易见即将临头的大难，他们必须与罗马联手，而弃迦太基于不顾，让它听天由命，自生自灭。因此，他们派代表觐见罗马元老院，表示尤蒂卡愿意向罗马投降。罗马人接受了他们的投降，并把尤蒂卡作为军队登陆的港口。

尤蒂卡城遗址

第十二章 迦太基的灭亡

罗马军队在尤蒂卡登陆的消息一传到迦太基,迦太基人便派代表去询问执政官有何吩咐,因为大家还记得,和约规定他们必须遵从执政官发布的任何命令。当他们到那的时候,发现海湾里桅杆林立,舰船密集。罗马人的舰队除了大量的运输船,还有五十艘三组桨的战舰。岸边的军营里有八万全副武装的步兵和四千配备齐全的骑兵。

代表们确信,这样一支强大的军队,他们的同胞是无论如何也抵挡不了的。他们诚惶诚恐,战战兢兢地询问执政官有何吩咐。执政官告知他们罗马元老院的命令:迦太基人应该为罗马大军提供粮草。代表们领命回到迦太基。

在和约和他们送交的人质的束缚下,在罗马大军压境的恐吓下,迦太基人决定照办,给罗马人提供了粮草。

不久,执政官又向迦太基人发布了第二道命令,那就是,他们必须交出所有的战舰。和第一条相比,他们更不愿服从这条命令,但最终他们还是答应了。他们心想,罗马人已把迦太基削弱至此,他们也应该心满意足了。他们希望敌人的要求就此打住,离开他们,这样,等到时机成熟,他们便可以再造新船。

但是,罗马人的胃口还远未满足,他们紧接着又发布了第三道命令,即迦太基人必须交出所有的武器、军用物资和各种战争器械,并把他们送到罗马大营。这条命令几乎把迦太基人逼上绝路,很多人决心不再屈服,而是要拼死抵抗;其他人则因现在已无力抵抗而感到绝望,便听之任之，自暴自弃；而那三百个送交了人质的家庭，因为被囚禁的孩子的安危提心吊胆，强烈要求服从命令。屈服的倡议最终获胜，武器被收缴，用马车排着长队送到罗马大营。有二十万套完整的盔甲，成千累万的标枪，和两千架用来投掷木头与石头的战争器械。迦太基就这样被解除了武装。

无论迦太基人认为所有这些命令有多么蛮不讲理，丧尽天良，与执政官留到最后才宣布的重大决定相比，它们只能算是罗马人在吃大餐前的一道开胃小菜。当所有武器都被送交以后，执政官向他们现在手无寸铁的受害者们宣布，罗马元老院决定毁掉迦太基。因此，他们命令所有居民必须离开，城一清空，就放火焚毁。他们可以带走任何可以带走的财产，也可以在距海十多英里的一个内陆小镇重建家园，以取代这个城防坚固的海港迦太基，但不得修建城墙或任何类型的防御工事。执政官们说，居民们一搬离，迦太基就会被摧毁。

这条史无前例，无法承受的命令一经宣布，全城就陷入了暴怒与绝望。这一次，罗马人对于迦太基人，就像猫戏老鼠，真是欺人太甚，是可忍，孰不可忍，他们再也不能，也不会为此屈服。人质的亲友们的乞求与抱怨，在全城沸腾的冲天怒火中，遭到压制。城门紧紧关闭；街上的人行道被挖开，建筑物被毁掉，以获取尽可能多的石块，它们代替武器，被搬上城墙；奴隶们全被解放，待在城墙上帮助御敌；任何能在铁匠铺工作的人，都被雇来制造刀剑、矛头、长矛以及其他简单易做的武器；他们运用一切可以得到的铜和铁，熔化贵金属花瓶和雕塑，用硬度较差的磨尖的金银作矛头；同样，当缺乏制作弓弦的麻线时，人质们那美丽的母亲或姐妹，剪下秀发，搓成细绳，用作弓弦，借以发射父兄所做的箭镞。总之，悲惨的迦太基人已经一忍再忍，终于忍无可忍，无须再忍，他们狂怒而绝望地发起了毫无胜算的抵抗。

读者还记得，被马西尼萨打败之后，哈斯德鲁巴在迦太基失去了全部影响力，看来完全没有出头之日。然而，他并没有放弃斗争，他设法在迦太基附近召集残部，当迦太基人与罗马人不断周旋的同时，他的队伍也在逐渐壮大，因为那些反对罗马做出让步的人自然而然地向他靠拢。现在，他在离城不远的营地，指挥着两万人马。

迦太基人发现自己处在生死关头，就派人去见哈斯德鲁巴，请求他的帮助。他乐于效命，派人去依然臣服迦太基的地区招募新兵，收集武器和食物，然后向迦太基进军，以解城围。他迫使罗马人撤退，他迫使罗马人退回营地，以确保自身的安全。罗马人对遭到城里的抵抗感到吃惊，对来自城外的可怕的攻击同样感到吃惊。哈斯德鲁巴给城里运送武器食物，又设法在海湾里秘密备好许多火船，点着之后，让它们顺势漂向罗马人的舰队。他们的船用锚固定在海湾里，他们以为万无一失。然而，这一出火烧连营的妙计几乎让罗马人的军舰损失殆尽，就这样，战争的形势发生了逆转。即将到口的猎物现在却垂死抵抗，这让罗马人感到非常失望，他们坚守营地，闭门不出，并派人回罗马，请求元老院派遣援兵，送来物资。

总之，罗马人发现，他们被卷入的，或许将被证明是一场严重而漫长的战争，而不仅仅是简简单单地，顺顺当当地毁灭一个城市。事实上，这场可怕的战争持续了两到三年，双方都差点儿全军覆没。西庇阿与罗马军队同来非洲，起初只是作为一个下级军官，但他的勇冠三军、远见卓识以及几次富有传奇色彩的建功立业，很快便让他众望所归。有一次，他将一支小分队，从危如累卵的形势下解救出来，为了表示感激，他们用草编了一个花冠，庄严地给他戴到头上，继而欢呼雀跃。

迦太基人在这场战争的过程中，尽其所能，奋勇杀敌，视死如归，但是，沉着冷静的西庇阿制定了深谋远虑的计划，使得罗马军队势如破竹，锐不可当，最后通过不断地缩小包围圈，使得迦太基人根本没有突围的可能。西庇阿在距城不远的水面上筑起了一些防波堤，并在上面建了许多庞大的攻城器械。一天晚上，一伙迦太基人，手里拿着未点燃的火把以及点火的工具，半涉水半游泳地穿过海湾，摸到了这些器械跟前。当他们离得足够近时，就打着火石，点燃火把。守卫这些器械的罗马士兵，一看到水面上突然冒出的闪烁的火光，就吓得魂飞魄散，惊慌逃命。迦太基人点燃了这些被遗弃的器械，然后将已尽其用的火把丢进火里，再次跳进水中，游回安全的地方。但是，这些奋不顾身的英勇行为收效甚微，西庇阿心平气和地修好了器械，像以前那样继续围城。

但我们无法详述这次可怕而漫长的战争的所有细节，我们得把话题转移到结束的场景，在史学家的笔下，那一天险象环生，简直令人难以置信。在攻城的过程中，生灵涂炭。此外，在围城的过程中，成千上万的人因为饥渴交加而丧命。西庇阿的军队成功地攻破城门，长驱直入。有的居民已经不愿再战，而是听凭罗马人的摆布；其他人则因为绝望而变得异常暴怒，决心死战到底，宁肯牺牲自己，也不愿放弃杀敌的痛快。因此，他们从一条街打到了另一条街，随着罗马人步步紧逼，他们且战且退，最后退到一个城堡里面。西庇阿的一队士兵登上了平坦的屋顶，试图从那里打开缺口，而另一队士兵在下面的街道上，为了同样的目标奋战。没有人能够想象，攻打这样一个人口众多的大城市，会引起怎样的喧闹与骚乱——军官们的大声命令、冲锋的呐喊、胜利者的欢呼、受到惊吓的妇女儿童恐惧的尖叫、将死之人因复仇无望而发出的痛苦的呻吟和愤怒的诅咒，最后在垂死挣扎的痛苦中倒地而亡，所有这些声音混杂到一起，真是惊心动魄，可怕至极。

在哈斯德鲁巴的率领下，意志坚定的战士们占据着那个城堡。它坐落在一个高地上，是迦太基城的一部分，固若金汤。西庇阿率领队伍打到城堡的高墙下，纵火焚烧离它最近的街区。大火燃烧了六天，烧开了一个很大的缺口，罗马士兵就有了施展拳脚的空间。当罗马军队到达被大火烧开的缺口，城堡里的人们看到自己身处绝境，就跳将起来，在高墙内与敌人展开了殊死搏斗。正如在这种情况下人们往往会做的那样，要么坚持抵抗，要么绝望投降。那里有乌泱泱的一大群人，将近六万，一半是妇女儿童，他们决定出去投降，争取西庇阿的宽容，求他饶命。哈斯德鲁巴的妻子，身边带着两个孩子，苦苦哀求丈夫让她和他们同去，但被他拒绝了。城堡里还有一支来自罗马军营的逃兵，除了拼死抵抗到最后时刻，他们根本没有希望逃脱死亡的命运。哈斯德鲁巴猜想他们绝对不会投降，就把妻儿托付给他们照看。这些逃兵带着那位狂躁的母亲，躲进城堡中的一个神庙里，他们同生共死。

然而，哈斯德鲁巴与罗马人对抗到底的决心，很快就被消磨殆尽。他决定投降。哈斯德鲁巴在剥夺了妻儿各种逃命的机会之后，却试图通过投降而自保。这种卑劣的背叛行为使他遭到了控诉。但是，在这样一个混乱与喧闹的场景中，暴力事件接连发生，由此引起的精神焦虑与失控，使一个响应号召来此作战的人丧失了所有理智，人们也不再追究他的所作所为应该承担的几乎所有道义上的责任，就好像他是一个精神错乱的疯子。无论如何，在将妻儿交给一群疯狂的，不可能投降的亡命徒之后，哈斯德鲁巴自己却投降了，或许他想，他最终可以救他们吧。

第十二章 迦太基的灭亡

迦太基士兵效仿他的做法，打开城堡的大门，把罗马人放进来。逃兵们现在命悬一线，彻底绝望了。他们中的某些人比其余的人更加狂怒，他们宁为玉碎，也不愿把命交到仇敌手上，让他们享受杀人的痛快，他们点着了藏身的建筑。悲惨的逃兵们来回乱窜，有一半被浓烟呛死或被大火烧焦。很多人爬到了屋顶上，哈斯德鲁巴的妻儿也在其中，烟柱和火苗在她周围翻滚，她从这里往下看，看到她的丈夫和罗马将军站在下面——或许在这可怕的场景中，惊慌失措地寻找着妻儿。一看到身为丈夫和父亲的哈斯德鲁巴身处安全之地，这位身为妻子和母亲的女人因为憎恨和愤怒而变的狂躁不已。"混蛋！"她尖声叫骂，盖过了现场所有的声音，"你就是这样牺牲我们来救你自己吗？我够不着你本人，但我会杀了你的孩子，让你伤心欲绝，让你这一辈子都不得心安。"说着，她把匕首刺向她那两个惊恐万状，极力想要挣脱疯狂母亲的儿子，然后把他们扔进了身边的一个烈焰冲天的缺口，然后，自己也跟着他们纵身跳下，与两个儿子共赴黄泉。

当罗马人占领了迦太基之后，采取了最为有效的措施，加速了它的彻底灭亡。居民们流落到周边的国家，整个领土成为罗马的一个行省。在这之后，有人曾试着重建迦太基城，很长一段时间里，那里人潮涌动，因为人们悲凄地逗留在他们在废墟上搭建的小棚子里，久久不忍离去。然而，它还是被人们慢慢地遗弃，并逐渐荒废了，石头风化瓦解，变成齑粉，杂草丛生，真是一派荒凉凄清的景象。而今，迦太基古城已经了无痕迹，无从查找了。

结 语

汉尼拔是英雄

精彩看点

战争与商贸——对抗的行为——汉尼拔作为英雄的伟大之处

结语 汉尼拔是英雄

战争和商贸是两种完全敌对的行为，为了人类的控制权而争斗不休，一方的功能是毁灭，而另一方的功能则是保护。商贸有助于人们修建城市，耕种田地；它让越来越多的人过上了更加舒适与富足的生活，带给人们勤劳与和平的福祉；它把组织和秩序带到世界各地；它保护财产和生命；它消除瘟疫，防止饥荒的发生。而战争却在毁灭。它扰乱社会秩序；它毁坏城池，使人口锐减，田园荒废；它导致失业、贫穷；给人类带来灾难，为此，唯一的"补救方法"就是让人类遭受连年的瘟疫和饥荒，夺去他们的生命，从而缩短饱受战乱之苦的人们的痛苦。因此，战争是人类最凶残的敌人，而商贸是人类最友善的朋友。它们是敌对的行为，为了控制人类的所有机构而不断斗争。

当汉尼拔出现在历史舞台上，他发现自己的祖国一派海清河晏、欣欣向荣的景象，国人们正忙着倒卖当时已知世界中各国的产品，让世界各地的人们生活得更加舒适与幸福。他设法将所有这些对商业的投入转化成了军事侵略与战争的洪流。他大功告成。他本人就是一位杰出的军事将领,历史也不忘为他树碑列传,让他名扬千古。他获得了最为辉煌的胜利;攻下了许多国家;影响甚至切断了给千家万户带来舒适生活的商业流通;相反,所到之处,匮乏、贫困、恐怖、瘟疫和饥荒相继发生;他让敌国在很多年里都处于无休止的焦虑、苦难、与惊恐的状态;最终,导致自己的国家陷入万劫不复的深渊。总的来说,他是有史记载的最杰出的军事领袖之一。

附录
专有名词英汉对照

Punic	布匿
Rome	罗马
Carthage	迦太基
Tyre	提尔
Nova Carthago	新迦太基
Numidia	努米底亚
Balearic Isles	巴利亚利群岛
Romans	罗马人
Rhegium	利吉姆
Messina	墨西拿
Regulus	雷古卢斯
Greeks	希腊人
Hannibal	汉尼拔
Mediterranean Sea	地中海
Alexander the Great	亚历山大大帝
Carthaginians	迦太基人
Spain	西班牙
Spaniards	西班牙人
Carthagena	卡塔赫纳
Numidians	努米底亚人
Majorca	马略卡岛
Minorca	梅诺卡岛

Ivica	伊维萨岛
Ballein	希腊语
England	英格兰
Sicily	西西里岛
Corsica	科西嘉岛
Sardinia	撒丁岛
Cyprus	塞浦路斯
Egypt	埃及
Troy	特洛伊
Italian	意大利
Duilius	杜伊利乌斯
Africa	非洲
Hamilcar	哈米尔卡
Iberus	埃布罗斯河
Ebro	埃布罗河
Saguntum	萨贡托
Hasdrubal	哈斯德鲁巴
Tagus	塔古斯
Saguntines	萨贡托人
Volscians	沃尔西人
Gauls	高卢人
The Pyrenees	比利牛斯山脉
Rhone	罗纳河
Cornelius Scipio	科尔内利乌斯·西庇阿
Sempronius	赛姆普若尼乌斯
The Alps	阿尔卑斯山脉
Ruscino	鲁西诺
Illiberis	伊利贝里斯
Tiber	台伯河
Nile	尼罗河
Marseilles	马赛
Alexander	亚历山大

Borneo	婆罗洲
Mount Blanc	勃朗峰
P. Still	波·思第尔
Po	波河
Savoy	萨伏依
Ticinus	提希纳斯河
Genoa	热那亚
Pisa	比萨
Rubicon	卢比肯河
Adriatic Sea	亚得里亚海
The Apennines	亚平宁山脉
Arno	阿诺
Trebia	特雷比亚河
Umbro	茵宝
Fabius	费比乌斯
Flaminius	弗拉米尼乌斯
Minucius	米努西乌斯
Etruria	伊特鲁里亚
Lake Thrasymene	特拉西梅诺的湖泊
Juno	朱诺
Picenum	皮西努姆
Tibur	提伯
Cannæ	坎尼
Æmilius	安米利乌斯
Varro	瓦罗
Statilius	斯塔提利乌斯
Apulia	阿普利亚
Plebeians	平民党
Patricians	贵族党
Paulus Æmilius	鲍罗斯·安米利乌斯
Aufidus	奥菲杜斯河
Lentulus	林图鲁斯

Scipio	西庇阿
Metellus	米特鲁斯
Capua	卡普亚
Marcellus	马塞鲁斯
Livius	利维乌斯
Nero	耐如
Canusium	卡努苏姆
Forum	广场
Syria	叙利亚
Phoenicia	腓尼基
Antiochus	安条克
Cercina	塞西纳
Ephesus	以弗所
Pyrrhus	皮洛士
Damascus	大马士革
Macedonian	马其顿
Crete	克里特岛
Temple of Diana	戴安娜神庙
Asia Minor	小亚细亚
Bithynia	卑斯尼亚
Masinissa	马西尼萨
Utica	尤蒂卡
Syphax	西法克斯
Lilybæum	丽丽拜尔